THEATRUM
COGITATIOCUM
思想剧场

尼采

NIETZSCHE

Gilles

Deleuze

[法] 吉尔·德勒兹——著

王绍中——译 黄雅娴——审订

上海人民出版社

目录

尼采的生平

《查拉图斯特拉如是说》第一卷始于三个变形："精神如何变成骆驼，骆驼如何变成狮子，到最后狮子如何变成孩子。"骆驼是驮重的动物，它背负着既定价值，那些教育、道德及文化的重担。沙漠中，骆驼背负着这些重担，然后转变为狮子：狮子打破雕像，践踏重担，批判一切既定价值。最后，狮子变成孩子，也就是说变成了游戏（Jeu）与新开始，他是新价值及新评价原则的创造者。

尼采认为这三个变形同时也意味着其作品的不同时刻，以及他生命与健康的不同阶段。当然，三者的划分是相对的：狮子已经出现在骆驼的身上，孩子也在狮子当中；而在孩子身上有着悲剧的结局。

*

1844 年，弗里德里希·威廉·尼采（Frédéric Guillaume

Nietzsche）出生于洛肯镇（Roecken），位于图林根的一个地区，隶属于普鲁士王国。母系跟父系一样，都是路德教派的牧师家庭。尼采的父亲也是牧师，个性敏感而富有教养，1849 年过世，由于脑炎或中风的缘故，死于脑软化症。随后，举家搬迁至瑙姆堡（Naumburg），尼采与妹妹伊丽莎白就在一个由女性围绕的环境中成长。尼采是一位天才儿童，他幼年时期所撰写的论文、所谱写的乐曲至今仍保留着。在教育方面，他首先在普夫达（Pforta）受教，继而去了波昂与莱比锡。在神学与语义学（philologie）之间，他选择了后者。但是，透过叔本华（Schopenhauer）那种"孤独思想家""个人思想家"（penseur privé）的意象，哲学已经令他着迷。由于尼采在语义学上的成就［包括他对泰奥格尼斯（Theognis）[1]、西蒙尼德（Simonide）[2]、第欧根尼·拉尔修（Diogène Laerce）[3] 等人的研究］，1869 年，瑞士巴塞尔（Bâle）大学任命他为语义学教授。

尼采于莱比锡结识了瓦格纳（Wagner），一段过从甚密的交谊由此展开。此时，瓦格纳住在瑞士琉森郊外的特里布森（Tribschen）。如同尼采所说的，这是他生命中

1. 泰奥格尼斯，公元前 6 世纪古希腊挽歌体诗人。——译者注
2. 西蒙尼德，公元前 6 世纪中叶至 5 世纪中叶古希腊抒情诗人。——译者注
3. 公元 3 世纪古罗马诗人、文献汇编家、传记作家，古代哲学重要史料《名哲言行录》编纂者。——译者注

最美好的时刻之一。当时瓦格纳年近60岁，第二任妻子柯西玛（Cosima）才刚满30岁。柯西玛是作曲家李斯特（Liszt）的女儿，为了瓦格纳，她与音乐家汉斯·冯·彪罗（Hans von Bülow）离婚。朋友间有时以希腊神话人物为喻，叫她雅莉安（Ariane），暗示彪罗就像是雅典王子忒修斯（Thésée）、瓦格纳是酒神狄奥尼索斯（Dionysos）[1]。尼采在此碰到了一种情感模式（schème affectif），他身处其中，并越来越如鱼得水。美好的日子绝非一无阴霾，尼采时而感到不快，认为瓦格纳利用他，剽窃他关于悲剧的概念；他时而陶醉其中，认为在柯西玛的协助下，他将助瓦格纳臻乎真理的境界，而这是瓦格纳单凭己力所无法发现的。

由于巴塞尔大学的教授职位，尼采成为瑞士公民。1870年普法战争期间，他担任医护兵（ambulancier）。这期间，尼采甩去了他最后的“重担”：也就是民族主义，以及对俾斯麦与普鲁士政权的好感。他无法再赞同文化等

1. 根据希腊神话，雅典人与克里特国王米诺斯结怨，为平息怒气，须定期送上童男童女献给迷宫怪物米诺陶洛斯，雅典王子忒修斯自愿牺牲。米诺斯公主雅莉安爱上忒修斯，遂暗中协助，给了他一团线及一把剑，忒修斯便用剑杀死怪物，用线走出迷宫。雅莉安登上雅典人船只，随忒修斯离去，途经纳克索岛，忒修斯梦见酒神狄奥尼索斯，酒神称已与雅莉安订婚，若不将她留下，将降下无尽灾难，一向敬神的忒修斯害怕神迁怒于他，无奈地将哀伤的雅莉安留在岛上。参见古斯塔夫·施瓦布：《希腊的神话和传说》，南京：译林出版社，2010年。——译者注

同于国家，也不认为军事上的胜利对文化具有什么意义。此刻，他对德国的蔑视已经显露，他无法继续以德国人自居。在尼采身上，放弃旧信仰并没有造成一种危机，导致危机或断裂的，毋宁是一个新观念的启发与展现。放弃不成为他的问题。我们没有什么必要去怀疑尼采在《瞧！这个人》（*Ecce Homo*）中所说的，尽管他来自牧师家庭，无神论（l'athéisme）对他而言才是自然而然的、本能的（instinctif）。不过，尼采开始越来越孤独。

1871年，他写作《悲剧的诞生》（*La Naissance de la Tragédie*），真正的尼采就从瓦格纳与叔本华的面具底下透显出来。文献学界对此书评价不佳。尼采感受到自身与周遭关系的不合时宜（l'intempestif），理解到个人思想家与公立教授（professeur public）身份间的扞格。在1875年出版的《不合时宜的沉思》（*Considérations intempestives*）第四卷"瓦格纳在拜鲁特"（Wagner à Bayreuth）一书当中，他对瓦格纳的不以为然终于明确地表露出来。尼采出席了拜鲁特音乐节的开幕，当中他所感受到的游艺会式氛围、官方的排场、发表的言论，以及老皇帝[1]的莅临等，这一切都让尼采作呕。朋友们从文章中所看到的则是尼采的转变，纷纷对此感到惊讶。尼采开始对实证科学、

1. 指威廉一世（Wilhelm I，1797—1888），1861年起担任普鲁士国王，1871年德国统一后即位首任德意志帝国皇帝至逝世为止。——译者注

物理学、生物学及医学越来越感兴趣。他的健康出现问题：头痛、胃痛、眼疾，以及言语障碍。他停止了教学工作。“疾病将让我慢慢解脱：它为我免去了断然的决裂，以及所有激烈而艰难的举措，疾病赋予我彻底改变一切习惯的权利。”正如瓦格纳对于具有教授身份的尼采是一种补偿，瓦格纳症（le wagnérisme）也随着尼采教职的告终而退去。

*

多亏了他最忠实又最聪明的朋友奥瓦贝克[1]，1878 年尼采才能获得一份抚恤金，从此展开了浪迹天涯的生活：一道影子（ombre）、简单住所的房客，寻找着宜人的气候，瑞士、意大利及法国南部，尼采的足迹从一处踏到另一处。时而孤单一人、时而成群结伴（玛尔维达·冯·梅森堡[2]，也曾是瓦格纳的支持者；彼得·加斯特[3]，尼采的学

1. 法兰兹·奥瓦贝克（Franz Camille Overbeck，1837—1905），德国神学家，尼采于巴塞尔大学的友人。——译者注
2. 玛尔维达·冯·梅森堡（Malwida von Meysenbug，1816—1903），德国作家。——译者注
3. 彼得·加斯特（Peter Cast），本名约翰·科斯利兹（Johann Heinrich Kselitz，1854—1918），德国作家及作曲家，彼得·加斯特是尼采为他所取的名字。——译者注

生，也是尼采认为可以取代瓦格纳的音乐家；保罗·瑞[1]，他对自然科学的兴趣及对道德问题的探究与尼采志同道合）。尼采偶尔回到自己的瑙姆堡老家。在意大利苏连多（Sorrente），尼采最后一次见到瓦格纳，此时，瓦格纳变得既民粹主义又虔诚。1878年，尼采出版《人性的、太人性的》（*Humain, trop humain*），他火力全开，展开对价值的批判，开启了他的“狮子时期”。朋友们无法理解尼采，瓦格纳攻击他。特别是他病得越来越重，“不能阅读！除了极少数的情况，不能写作！不与人来往！不能听音乐！”1880年，尼采描述了他当时的状态：“无休止的疼痛，每天好几个小时持续处于有如晕船般的状态，局部的瘫痪让我言语困难，还有几次猛烈的发作，让我暂时忘掉这些。最近的一次，我呕吐了三天三夜，但求一死……如果你们容许我描述没完没了的这一切，还有头部及眼睛持续而剧烈的疼痛，以及从头到脚全身瘫痪的感觉。”

在怎样的意义上，疾病——甚至疯狂——出现在尼采的作品里头？没有，尼采未曾从中获得灵感来源，尼采未曾将哲学视为可以从痛苦、不适或焦虑当中发展的——虽然哲学家、尼采眼中的哲学家，总会受尽超乎寻常的痛苦。然而，他也不把疾病视为一种从外在而影响身体—

1. 保罗·瑞（Paul Ludwig Carl Heinrich Rée，1849—1901），德国哲学家及作家。——译者注

客体（corps-objet）及脑部—客体（cerveau-objet）的事件。经由疾病，他所看到的毋宁是关于健康的一种观点；而透过健康，则看到关于疾病的一种观点。“在疾病当中，观察更健康的概念、更健康的价值，然后反过来，从一个富足、饱满、安稳生命的高处，俯视衰败本能（l'instinct de décadence）的隐蔽作用。这就是我最经常自我训练的练习……”对思想主体（le sujet pensant）而言，疾病既非一种动机（mobile），亦非一种思想的对象：疾病毋宁涉及同一个个体自身当中的一种隐蔽的交互主体性（intersujectivité）。疾病如同对健康的评价，健康的状态则有如对疾病的评价：这就是尼采所说的“翻转”（renversement）、“视角的位移”（déplacement des perspectives），尼采将之视为他方法上及他对价值蜕变（transmutation）的使命上最根本之处[1]。甚至，跟表面上给人的印象不一样，在两种观点之间、在两种评价之间并不存在着互换（réciprocité）。从健康到疾病、从疾病到健康，这不过是发生在观念层次上的事情，这种动态（mobilité）本身就来自更高层次的健康。这样的位移、这位移当中的轻盈性（légèreté），是尼采所说的“整体健康”（la grande santé）的表现。这也是何以尼采可以说出这么

1. 参见《瞧！这个人》，“为何我是如此地具有智慧！”——原注

极致的话（即在1888年）：我是病患的相反。从根本上说，我好得很呢。我们不该以为一切以糟糕的方式结束，因为陷入痴呆状态的尼采正是先丧失了这种动态、这种位移的技艺，从而不再能够仰赖他的健康让疾病成为一种关于健康的观点。

在尼采身上，一切都是面具（masque）。他的健康是他的禀赋的第一道面具；他的病痛则是第二道面具，同时是对其禀赋及健康而言的面具。尼采不相信一个大我（Moi）的统一性，他感受不到这样的东西，而是相信存在于不同的“小我”（moi）之间微妙的权力（puissance）与评价关系，这些不同的“我”隐藏着，但也表现出另一种性质的力量，如生命的力量、思想的力量等——这就是尼采的想法及活着的方式（manière de vivre）。瓦格纳、叔本华甚至保罗·瑞，尼采都曾经将他们当成自己的面具活着。1890年以后，若干朋友（奥瓦贝克、加斯特）认为，尼采的痴呆是他最后一道面具。尼采曾写过：“有时疯狂本身也是一道面具，掩饰着一个无可避免又太过清楚的认识。”然而实际上不是如此，只是因为疯狂意味着这些已经停止沟通（communiquer）并且位移的面具被一种死亡的僵硬所吞噬。在尼采哲学最巅峰的几个时刻里，他在一些页面上写到用面具隐藏自己的必要性、面具的德性与积极性，以及它们最终的诉求。尼采的双手、双耳及双眼曾是他的美。（尼采庆幸自己所拥有的一副耳朵，他认为这一对小小的耳朵有如通达酒神狄奥尼索斯的秘密迷宫。）然而，在这第一道面具之上，尼采还有另一道面具，就是那片大胡须。“给我，我请你给我，给我……那么，给你什么？另一道面具、第二道面具。”

*

在《人性的、太人性的》（1878年）出版之后，尼采继续他火力全开的批判工作：《浪迹者及其影子》（*Le Voyageur et son ombre*，1879年）、《朝霞》（*Aurore*，1880年）。他准备要写《快乐的科学》（*Le Gai Savoir*），然而某种新的东西冒了来，一种高亢、一种饱满：如同尼采被抛掷到了一种境界，在此评价改变意义、在此疾病被从一种奇特健康（une étrange santé）的高度来予以看待。尽管他的痛苦持续着，但它们常由身体上出现的一种“狂喜”（enthousiasme）所主宰。此刻，尼采处于他的巅峰状态，并与一种威胁感有关。1881年8月，在瑞士的锡尔斯—玛利亚（Sils-Maria），尼采正沿着席瓦帕纳湖畔走着，他产生了永恒回归（l’Éternel Retour）震撼的感悟，并成为《查拉图斯特拉如是说》一书写作的灵感。1883年到

1885年之间，他完成了此书的一至四卷，并留下其后续作品的笔记。尼采把批判的力度提高到前所未有的地步：他以此作为价值“蜕变”的武器，以“否定”（le Non）来服务于一种更高的肯定[《善恶的彼岸》（*Par-delà le Bien et le Mal*，1886年）、《论道德的谱系》（*Généalogie de la Morale*，1887年）]——这是第三个变形，或者说生成—孩子（le devenir-enfant）。

然而，此时尼采也处在焦虑及强烈的挫折中。1882年，他与露·冯·莎乐美[1]有过一段感情上的插曲。莎乐美是一位年轻的俄罗斯女孩，当时与保罗·瑞生活在一起。在尼采眼里，她既是一位理想的门徒又是一位可以爱的人。依循着他有过经验的情感模式，通过友人居间，尼采很快地向露·莎乐美提出了结婚的请求。尼采梦想着，他一如狄奥尼索斯，在忒修斯的同意下，将雅莉安（Ariane）拥入怀中。忒修斯是“高等人”（l'Homme supérieur），具有父亲的形象——对尼采而言，这就有如原先的瓦格纳，只是当年尼采不敢对柯西玛—雅莉安僭越一步。然而在保罗·瑞身上，以及在其他朋友身上，尼采将他的忒修斯对号入座，他们是比较年轻、没那么巨大的

1. 露·冯·莎乐美（Lou von Salomé，1861—1937），心理分析家、作家。——译者注

父亲[1]。狄奥尼索斯是在高等人之上，就有如尼采之于瓦格纳，而尼采之于保罗·瑞则更是如此了。当然，这个奇想最终以失败画下句点，雅莉安所爱的依旧是忒修斯。以玛尔维达·冯·梅森堡为首，加上莎乐美、保罗·瑞以及尼采，他们形成了一个独特的四人组，共同生活里交织着分歧与和解。尼采的妹妹伊丽莎白占有欲重、忌妒心强，她用尽一切办法要拆散这四人组。她如愿以偿。对于这个妹妹，尼采既无法甩开她，同时也无法减少对她的严词批评："一些像我妹妹这样的人，他们始终是我思考方式及哲学上的死对头，水火不容"；"我不喜欢跟你一样的那些灵魂，我可怜的妹妹呀"；"对于你那喋喋不休、过火的道德说教，我受够了。"莎乐美虽然没有接受尼采的爱，不过她后来写了一本关于尼采非常精彩的书。[2]

尼采感到越来越孤独。得知瓦格纳过世，他重新燃起对柯西玛—雅莉安的情愫。1855年，伊丽莎白与佛尔斯特（Forster）结婚。佛尔斯特是瓦格纳的支持者、反犹太分子，以及普鲁士民族主义者，他准备与伊丽莎白一同远赴巴拉圭，建立一个纯种亚利安人的移民区。在妹妹的婚礼

1. 早在1876年，尼采便通过友人雨果·冯·森杰（Hugo von Senger）居中传话，向一位已有婚约的年轻女孩表达结婚之意。——原注

2. 露·莎乐美：《弗里德里希·尼采》（*Frédéric Nietzsche*），1894，法译本Grasset出版。——原注

上，尼采缺席了，他无法忍受这位大块头的妹夫。对着某位种族主义者，尼采写道："请您停止继续寄出版物给我，我恐怕会失去耐性。"尼采的身体时好时坏，而且好坏交替的频率也越来越高。有时候，一切显得都很完美：他的裁缝师、他的食物、对访众的接待、他自认在商店里展现出的魅力；有时候，低落抑郁的情绪向他袭来：没有读者、死亡和背叛的感觉。

进入了伟大的 1888 年，《偶像的黄昏》(*Le Crépuscule des Idoles*)、《瓦格纳事件》(*Le Cas Wagner*)、《敌基督》(*L'Antéchrist*)，以及《瞧！这个人》相继出版。一切看来有如尼采创造力的迸发，在倒下前的最后一次跃起。在这些尼采写来收放自如的著作中，尼采说话的语气也变了：一种前所未有的暴力（violence）、一种新的幽默，如同一出超人（Surhumain）喜剧。一方面，尼采从他身上树立起一个世界级宇宙级的挑衅形象（"有一天，对任何美好事物的回忆均将与我有关""只有从我这里开始，这世界才有了伟大的政治"）；但同时也专注在当下片刻，关心马上将至的成功。从 1888 年底起，尼采开始写一些古怪的信件。在给史特林堡[1]的信上，他写道："我在罗马召集了一个君主们的会议，我想处决年轻的德意志皇

1. 奥古斯特·史特林堡（Johan August Strindberg，1849—1912），瑞典剧作家、小说家、诗人。

帝。再会！因为我们会再相见。不过有一个前提：我们离婚吧……——尼采—恺撒（Nietzsche-Cesar）”。1889年1月3日，在意大利都灵，尼采的情况变得更为严重，尼采在信上就署名狄奥尼索斯或耶稣基督，或者两者兼有。在给柯西玛·瓦格纳的信上，尼采说：“雅莉安，我爱你 ——狄奥尼索斯”。奥瓦贝克赶到都灵，找到了精神失常、情绪激动的尼采，他设法将尼采带回瑞士巴塞尔，尼采在此终于平静下来并接受住院安排，院方诊断为麻痹性痴呆（paralysie progressive）。尼采的母亲再转送他去德国耶拿。耶拿的医生认定尼采的问题可能与梅毒感染有关，时间上溯到1866年（这与尼采的一次表明有关吗？年轻的尼采跟友人杜森[1]讲述过他的一段令人好奇的冒险经历，一台钢琴救了他。在《查拉图斯特拉如是说》中的一段文字里，尼采说到“身处在沙漠之女中”，应该从这个角度来考量。）时而平静、时而发作，此时尼采还有能力演奏音乐，但应该已经将自己的作品都忘得一干二净了。尼采的母亲接他回家休养。1890年末，伊丽莎白从巴拉圭返回德国，尼采的病情缓慢地持续恶化，直到完全失去知觉、进入弥留状态。1900年，尼采死于

1. 保罗·杜森（Paul Deussen），尼采在普夫达中学认识的朋友。——译者注

魏玛。[1]

虽然无法完全确定，但麻痹性痴呆的诊断是有可能的。问题毋宁是：1875年、1881年及1888年出现的症状是否属于同一份病历表？是相同的病？答案很可能是肯定的。尼采所罹患的是痴呆（démence）还是精神疾病（psychose）并不太重要。我们已经看到是在怎样的意义上疾病、甚至是疯狂也出现在尼采的作品中。麻痹性痴呆的发作标志着疾病已经走出尼采的作品、阻断了作品，更使作品无法再继续。尼采最后写的信见证了这个极端的时刻；这些信还包含在他的作品中，构成了作品的一部分。当尼采还操持着视角位移的技艺，从健康到疾病、从疾病到健康，尽管他生病，但仍享有着“整体健康”，因此他的作品才有可能。当位移的技艺不再、当那些面具在生理作用或其他作用之下消融在一张小丑及滑稽演员的面具上，疾病本身也与作品之终结相混淆了（尼采曾将疯狂喻为一种“喜剧解答”，如同最终的滑稽演出）。

伊丽莎白协助母亲照顾尼采，她对尼采的疾病做出了一些虔诚的诠释。她尖酸刻薄地批评奥瓦贝克，后者则以相当有尊严的方式予以回应。伊丽莎白确实贡献不少：她尽一切力量弘扬尼采思想，并在魏玛组织了尼采档案馆

1. 关于尼采的疾病，请参考 E. F. PODACH，*L'éffondrement de Nietzsche*（《尼采的崩溃》），法译本由 N. R. F. 出版。——原注

（Nietzsche-Archiv）的工作。[1]但这些成就却不及她对尼采的背叛：她试图让尼采为纳粹所用。这是尼采不幸命运的最后一段：私心滥用的亲人总是与每个“诅咒的思想家”如影随形。

1. 1950年后，尼采的手稿被保存在魏玛的歌德—席勒档案中心（Goethe-Schiller Archiv）。——原注

尼采的哲学

尼采在哲学中加入了两种表达方式：格言（aphorisme）及诗。这些形式本身涉及一种关于哲学的新概念、一种关于思想家及思想的新形象。尼采用诠释及评价来取代认识（la connaissance）的理想和真实（le vrai）的发现。诠释让现象总是局部及片断的“意义”确立下来；评价则决定意义之“价值”等级，将片断整合起来，同时不减弱也不消除其多元性。说得更明白些，格言同时是诠释的技艺及需要诠释之物；诗同时是评价的技艺及需要评价之物。诠释者是生理学家或医生，他把现象看做是症状，通过格言来表达；评价者是艺术家，他思量或创造“视角”（perspectives），以诗诉说。未来的哲学家是艺术家及医生，一言以蔽之，未来的哲学家是立法者。

哲学家的这种形象同时也是最古老、最悠久的。这是前苏格拉底时期思想家的形象：“生理学家”及艺术家、世界的诠释者及评价者。我们该怎么理解这当中所显现出的未来与初始之间的亲近关系呢？未来的哲学家同时也是古老世界、山峰及洞穴的探索者，除了不停地回忆基本上已被遗忘的某个东西之外并不创造。根据尼采，这个被遗忘的东西就是思想与生命的统一性（unité）。一种复杂的统一：生命迈出一步，思想迈出一步。生命的模式（modes de vie）启发思想的方式，思想的模式（modes de pensée）创造生活的方式。生命激发思想，然后轮到思想肯定生命。对于这种前苏格拉底时期思想与生命的统一性，我们甚至连这样的观念也没有了。我们有的只是一些例子，当中一些思想束缚、肢解着生命、要生命安分下来，以及一些生命展开反击、使思想发狂并与思想同归于尽的例子。除了平庸的生命或疯狂的思想家，我们别无选择。一些生命对思想者而言太规矩，一些思想对生活的人而言太疯狂，例如康德与荷尔德林。然而，适合的统一犹待重获，这样疯狂就不再是一种疯狂——统一性把生命的一个插曲做成思想的一个格言、把思想的一个评价做成生命的一个新视角。

这个前苏格拉底时期哲学家的秘密以某种方式从一开始就丧失了。我们应该将哲学想作一种力量。力量的法则是：除非躲藏在既有力量的面具之后，否则力量无法出现。生命首先要摹仿物质。当哲学力量在希腊诞生之际，它亟需通过乔装来存续下来，哲学家亟需借用既有力量的模样，哲学家采用了祭司（prêtre）的面具。年轻的希腊哲学家带着点东方老祭司的色彩。人们至今还分不清楚琐罗亚斯德[1]及赫拉克利特[2]、印度教徒及埃利亚派哲学家[3]、埃及人及恩培多克勒[4]、毕达哥拉斯[5]及中国人——所有这一类可能的混淆。人们谈到理想哲学家的德性、禁欲主义，以及对智

1. 琐罗亚斯德（Zoroastre）为古代波斯帝国历史上的一位宗教先知，琐罗亚斯德教（Zoroastrisme）创立者，该教又称拜火教、祆教等。——译者注
2. 赫拉克利特（Héraclite），公元前6—5世纪希腊思想家。他说："人不能两次踏进同一条河中"。他认为万物永不止息地变化着，而火是万物的基质，这个基质处于永恒的变动中，每一事物都会演变出对立面．每一事物都是对立性质的统一，因此不存在持久的性质，万物既存在又不存在。他说："战争是万物之父、万物之王。"万物对立、冲突，在毁灭中创造、创造中毁灭，最终世界会回到火的最初状态，一切重新开始。"事物的这一秩序既不是上帝也不是人制定的，它过去、现在和未来一直是永远运动的火，这火根据这一确定的准则而燃烧和熄灭。"在他看来，火就是理性、是逻各斯。参见弗兰克·梯利：《西方哲学史》，贾辰阳、解本远译，北京：商务印书馆，2015年。——译者注
3. 埃利亚派（éléates）活跃于公元前6—5世纪间，包括多位思想家，如被视为学派始祖的色诺芬（Xénophane）及主要人物巴门尼德（Parménide）。色诺芬的思想颇具神学色彩，认为神是宇宙的永恒原则，并强调神是一、是永恒不动的。巴门尼德反驳赫拉克利特万物唯变的想法，主张一个永恒、非起源于他物的、不变的存在者。变化只是感觉世界的幻觉。参前引书。——译者注
4. 恩培多克勒（Empédocle），公元前5世纪希腊思想家，他认为存在是永恒的，既无起源也无消亡，只存在着元素间的混合和分离，他主张万物由土、气、火、水四种元素所构成，而爱和恨则决定了元素间的分合。在宗教思想方面，他宣扬人的堕落及灵魂的轮回（以上参前引书）。四元素说亦广泛存在于非西方思想中，如古埃及神话中便有风、雨、大地、穹苍四种神祇相应于四种元素。——译者注
5. 毕达哥拉斯（Pythagore），公元前6世纪的希腊数学家、思想家、神秘主义者，勾股定理便是以他命名。思想上着重在从数字及其关系中发现万物的原理。曾在意大利南部建立起一个糅合学习、伦理、宗教及政治性的团体，颇具神秘色彩，其成员共同生活在一起，犹如一个大家庭，并钻研艺术、工艺，研究音乐、医学、特别是数学，强调人应当自我控制，尊敬长辈、老师和国家。——译者注

慧的爱。人们猜想不到躲藏在这副面具之下的这个危险存在，它独特的孤独和感官性（sensualité），以及远非循规蹈矩的目的。因为哲学的秘密从一开始即丧失，它犹待在未来中发现。

因此，哲学注定在历史中以退化（dégénérer）的方式、以转身对抗自己的方式、以任其面具左右自己的方式发展。有别于主动的生命及肯定的思想之间的统一，我们看到的是思想赋予自己的任务是审判生命，以伪称的高等价值来反对生命，以这些价值来度量及限制生命、谴责生命。如此，思想便同时成为否定的，生命自我贬抑，不再是主动的，并退缩到生命最孱弱的形式中，唯有一些能跟所谓的高等价值兼容的形式。这是“反动”（réaction）对主动生命的胜利，否定对肯定思想的胜利。对哲学而言，这样的后果很严重，因为立法者哲学家（philosophe législateur）的两种德性便是对一切既有价值的批判，也就是对那些高过于生命的价值，以及它们所依据的原理进行批判；对于新价值的创造，也就是生命的价值，以及它们所主张的不同原理的创造。也就是锤子与蜕变。然而，在哲学退化的情况下，立法者哲学家让位给臣服的哲学家（philosophe soumis）。有别于批判既有价值及创造新的价值及新的评价，出现的是既定价值的保守者。哲学家不再是生理学家或医生而成了形而上学家；哲学家不再是诗人而成了“公立教授”。他自称臣服于真实及理性的要求；不过在理性的要求之下，我们时常看到一些并不是那么理性的力量，如国家、宗教、主流价值。哲学仅仅是人为了臣服而为自己找来的全部理由的盘点。哲学以真理之爱为号召，但是这种真理无关痛痒：“这种真理总是与人为善、性喜安逸，并且不断地向一切既有权力保证它绝不找麻烦，因为说穿了它只是个纯粹科学。”[1] 哲学根据生命承担重量、背负重担的能耐来评价它，而这些重担、重量就是那些高等价值。这就是沉重精神，它将背负者所背负的东西聚集在同一片沙漠中：反动与被贬抑的生命、否定与贬抑性的思想。如此，人们有的只是一种批判的错觉及一个创造的幻想。因为对于创造者而言，再也没有比背负者更为对立的。创造是减轻，卸去生命的负担，发明生命的新可能。创造者是立法者——舞者。

在苏格拉底身上，哲学的退化明确表现出来。假如我们借由两个世界的区别、借由本质与表象、真与假、理性与感性的对立来定义形而上学的话，那么我们可以说是苏格拉底发明了形而上学：他让生命成为需要受到审判、度量及限制的东西，让思想成为一种度量、一种限制，并以高等价值之名来进行——包括神、真、美、善……在苏格

1. 参见《不合时宜的沉思》第四卷，“作为教育者的叔本华”，第三章。——原注

拉底身上，出现了一种自愿地及巧妙地臣服的哲学家类型。让我们跳过许多个世纪，继续下去。谁相信康德在哲学中恢复了批判、取回了立法者—哲学家的想法呢？康德戳破了知识上的那些虚假要求，却没有质疑认识的理想；他戳破了虚假的道德，却没有质疑道德性的要求，也没有质疑其价值的本质与来源。他责难我们把不同的领域混为一谈、将不同的旨趣混为一谈；不过，这些领域依然维持不变，理性的旨趣依然崇高（真知识、真道德、真宗教）。

辩证法延伸了这种骗术（tour de passe-passe）。辩证法是促使我们重获被异化属性的技艺。一切回到精神，精神既是辩证法的动力也是辩证法的产物；或者一切回到自我意识；或甚至一切回到作为类存在[1]（être générique）的人。但假如我们的属性本身表达出一个萎缩的生命及一种受到肢解的思想，取回它们或成为它们的主体对我又有何用呢？当人们内化了祭司、当人们将祭司置于信徒身上，人们通过宗教改革的方式铲除了宗教本身吗？人们把人放

1. 由费尔巴哈所提出的概念，马克思在《1844年经济学哲学手稿》（*Economic and Philosophic Manuscripts of 1844*）中予以采用并提出其见解："人是类存在，这不仅因为在实践及理论上人都把类（genre）当作其对象（objet），无论是自己的类或其他事物的类，更且这只是同一件事情的另一种说法，因为他视自己为当下活着的类（genre actuel vivant），因为他视自己为一种普遍因而也是自由的存在。"马克思也将自由自觉的活动作为人的类本质，劳动、生产是人的类生活。人在劳动中与其类本质相悖离，便出现了异化的问题。——译者注

在神的位置上、当人们把最关键的保留下来——也就是说这个位置，人们杀死了神吗？唯一的改变是：有别于由外而加上的负荷，人搬起重物放在自己的背上。未来的哲学家，也就是医生—哲学家，将在不同的症状之下诊断出同一种恶的连贯性：价值可以改变，人将自己放在神的位置上，进步、幸福、效用取代了真、善或神——但骨子里却没变，也就是说这些无论是旧的或是新的价值所依据的观点或评价。人们总是引导我们去臣服、去负重，只去接受生命的反动形式及思想的控诉形式。当我们无意继续如此，当我们无法再背负高等价值，人们再让我们接受“如其所是的真实”——然而，这如其所是的真实正是高等价值把现实加工所做成的产物！甚至，存在主义今日仍抱持着一种让人错愕的对于背负及承担的偏好，这是一种属于辩证法的偏好，将存在主义与尼采区分开来。

尼采是第一个告诉我们杀死神不足以促成价值蜕变的人。在尼采的作品中，关于上帝之死，存在着不同的版本，至少有十五种左右，每一个皆具有不凡之美。[1] 不过，更进一步说，根据其中最美的版本之一，杀死神的凶手是“最

1. 人们有时将标题为“失去理智的人”（L'Insensé）的文本《快乐的科学》，第三卷；第 125 节引述为上帝之死的第一个重要版本。实情并非如此：《浪迹者及其影子》包含了一个标题为“囚犯”（Les prisonniers）令人赞赏的叙述。也对照稍远处编号 19 的“尼采文摘”文段，此文与卡夫卡之间有着神秘的共鸣。——原注

丑陋的人”。尼采想说的是，当不再需要外在的法庭，人自己禁止过往受到禁止的、自发地为自己加上不再是由外而来的警察与重担，人让自己更丑陋了。综合上述，从苏格拉底派哲人到黑格尔主义者，哲学史只是漫长的人类臣服的历史，以及人找理由为之合理化的历史。这个退化的运动影响所及不仅限于哲学，它更表现出历史最普遍的生成及最基本的范畴。它所涉及的不是历史当中的一个事实，而是历史本身的原理，绝大部分的事件由此而来，它们又决定了我们的思想及生命，分解（décomposition）的种种症状。以至于真正的哲学，如同未来的哲学，它既非更加历史的、亦非更加永恒的：它应该是不合时宜的，永远不合时宜的。

*

诠释是决定一个现象的意义。说得更明白，意义存在于各种力量关系之中，根据这种力量关系，在一个复合而层级化的整体当中，一些力量主动，一些力量反动。无论一个现象如何复杂，我们可以清楚地区分主动的、首要的、征服的与支配的力量，以及反动的、次要的、适应的与调整的力量。这种区分不只是定量的区分，也是定性的及类型上的区分。因为力量的本质是与其他力量的关系；在这个关系中，力量获得它的本质或性质。

力量本身与力量本身的关系称为“意志”（volonté）。这是为什么我们首先应该要避免对于尼采的权力意志（volonté de puissance）原理产生恰好相反的误解。这个原理并不是指涉（至少不是一开始便如此指涉）意志意欲权力或欲求控制。一旦我们从“控制的欲求”（désir de dominer）的角度来诠释权力意志，我们必定使它依赖于既有价值，唯有这些价值才适于决定在每一种情况中、在每一种冲突中什么东西该“被认为”是最强的。以此方式，我们没弄清楚权力意志的本质是我们所有评价之塑造的原理、是创造尚未获得认定之新价值的隐藏原理。尼采说权力意志与觊觎、拿取无关，而是涉及创造、给予[1]。如同权力意志，权力不是意志所意欲的东西，权力是在意志当中意欲着什么的这个东西（狄奥尼索斯本人）。权力意志是差别因素，在场的力量及它们在复合整体中的个性都来自于此。它也总是被显现为一个动态的、轻盈的、多元的因素。以权力意志为依据，力量发号施令；然而同样也依据它，力量服从命令。力量的这两种类型或性质对应着

1. 参见本书“尼采文摘”25。——原注

权力意志的两副面貌、两种意质（qualia）[1]，它们是终极的和动态的特性，较各种从中所衍生出力量的特性更为深邃。因为权力意志致使主动力量肯定，并且肯定它们所各具的差异：在这些力量上头，肯定总是优先的、否定永远是后果的，如过多的享乐。相反地，反动力量的本质是反对它们所不是的、是限制他者：在此，否定是优先的，并且是透过否定，反动力量做出肯定的模样。肯定与否定因此是权力意志的意质，如同主动的和反动的是力量的性质。同样地，诠释在力量中找到意义之准则，评价在权力意志中找到价值之准则。最后，与前面用语的思考有关，我们要避免将尼采的思想化约为一种简单的二元论。因为，正如我们接下来将会看到的，肯定基本上是多重复合的、多元论的，而否定基本上是单一的或者很大的程度上是一元论的。

然而，历史让我们面对最为奇怪的现象：反动力量获得胜利；在权力意志中，否定取胜！其所牵涉的不仅是人类的历史，也是生命的历史、地球的历史，至少在人所

1. 拉丁文 qualia 指性质，在关于感知的哲学讨论中，运用来指涉主观感受到的内容，在这个用法下一般译为“感质”，以相对于具客观色彩的“性质”。德勒兹在此运用这个字，目的也是为了与性质（qulité）这个字区别，至于他所赋予的意思则要回到权力意志就是“权力是在意志当中意欲着什么的这个东西”（ce qui veut）这一点上来看，因此绝非客观的东西。在正文中，对于 qualia，德勒兹说这是“终极的与动态的特质”。根据这样的意涵，我们将这个字暂译为“意质”，这个意对应着意欲、意志而说的。——译者注

居住的地球上是如此。在各处，我们看到“否”胜过了“是”，反动胜过了主动。甚至，生命也变成适应的、调整的，化约于生命低一级的形式上：我们甚至不再了解主动意味着什么。甚至地球的力量也日渐枯竭中，表现在这遭受浩劫的地表上。对于这种反动力量及否定意志的共同胜利，尼采称作“虚无主义”或者奴隶的胜利。根据他的看法，针对虚无主义进行分析是心理学的目标，该注意的是这种心理学也是宇宙（Cosmos）的心理学。

对于力量或意志的哲学而言，似乎难以说明为什么反动力量、为什么那些“奴隶”“弱者”能够获胜。因为，如果单是他们通通加在一起，便形成一个比强者的力量还更强大的力量的话，我们实在无法明白当中是什么东西产生变化，而定性评价又何以立足。然而，弱者、奴隶实际上并不是靠着力量相加而获胜，而是通过削减他者的力量来达成：他们将强者与其所能加以分开。他们获胜，不是靠着权力的组合，而是靠着他们感染的权力。他们导致所有力量的反动—生成（un devenir-réactif），这就是“退化”。尼采曾经指出，生存斗争、自然选择的准则必然有利于弱者及病者，也就是“次等人”（我们称呼那些将其生命简化为反动过程的人为病人）。更重要的一点是，在人类的情况中，历史的准则有利于奴隶。让虚无主义得以胜利的，是整个生命的病态—生成（un devenir-maladif）、所有人的奴隶—生成（un devenir-esclave）。同样地，我们应该也要避免对于尼采的“强者”“弱者”“主人”和“奴隶”等用词产生误解：很清楚的是，作为奴隶，奴隶总是握紧权力的，而弱者也不等同于弱小的人。即便反动力量获胜，也不改其反动性。因为，根据尼采的见解，在所有的事情上，当中所涉及的是一种定性的类型学、所涉及的是卑贱与高贵。我们的主人是在一个普遍性的奴隶—生成中获胜的奴隶：欧洲人、被驯化的人、小丑……尼采将现代国家描绘成蚁穴，其中的头目及权势者靠着卑贱而取胜、靠着传染这种卑贱和滑稽而取胜。无论尼采有多复杂，读者可以轻易地料想到他会将纳粹所主张的“主人”的种族归入在哪一个范畴之下（也就是说哪一个类型当中）。当虚无主义获胜，此时且唯在此时权力意志不再意味着“创造”而是表示着：意欲权力、欲求控制，因此将既有价值，如金钱、名誉、权力……归给自己，或使之归属自己。这种的权力意志确切地说是奴隶的意志，它是奴隶或无能者构想权力的方式，是他自己对于权力的观念，是当他赢的时候就拿来施行的观念。病人有时会说：唉！假如我能健健康康的，我就会做这儿做那儿、或许他会这么做——但是，他的计划与构想仍没有脱离病人的计划与构想，这些只可能是病人的。奴隶的情况也是一样，他对主人或权力的构想也是如此。反动的人以及他对于行动的构想也是这样。

到处都出现价值及评价的颠倒，到处都以狭隘的目光来睥睨事情，如同牛眼所见的颠倒形象。尼采所说过一句最不凡的话是："我们永远要反对弱者来捍卫强者。"

接下来，我们逐一指出人的世界中虚无主义获胜的几个阶段，它们是尼采心理学的重要发现，构成了深层类型学的范畴：

一、怨恨（le ressentiment）

这是你的错、这是你的错……投射的控诉及指责。假如我是弱者和不幸的人，这是你的错。反动生命逃避主动力量，反动停止被"动"（être agie）。反动成为某种感受的东西，如"怨恨"，它作用着以对抗任何主动的东西。人们让主动成为"羞愧"的：生命受到控诉，拿走它的权力，取走它的所能。羔羊说：我可以做所有老鹰会做的事，但我有本事不这么做，老鹰应该像我这样做……

二、愧疚（la mauvaise conscience）

这是我的错……这是内投射[1]的时刻。让生命中了圈套

1. 内投射（introjection），心理学概念，指把外界的价值观或标准纳入自我当中，即吸收别人的价值观或标准。——译者注

之后，反动力量可以作用在自己身上，它们内化了过错，它们自称有罪，它们转身反对自己。但是这么做，它们做出了榜样，值得整个生命都来加入它们，它们获得了最大的感染力——它们构成了反动阵营。

三、禁欲理想（l'idéal ascétique）

这是升华的时刻。弱者或反动生命所意欲的就是否定生命。它的权力意志是虚无的意志，这是它获胜的条件。以颠倒的方式，虚无的意志只能容忍弱的、肢解的、反动的生命：与零相差无几的状态。这样，担忧的联盟就缔结而成了。人们依据所谓的高于生命的价值来审判生命：这些虔诚的价值反对生命，谴责生命，把生命导向虚无；它们只对生命最反动的、最弱的以及最病态的形式给予救赎的许诺。这就如同虚无神与反动人之间的联盟。如此，一切都被颠倒：奴隶自称主人，弱者称强者，卑贱自名高贵。人们说某某人是强者、高贵之人，因为他承担：他承担“高等”价值之重量，他觉得这是他的责任。甚至生命，尤其是生命，在他看来是难以承担的。评价遭到如此的扭曲，人们看不出来承担者就是奴隶，他所承担的就是奴隶制度，而搬运夫不过是担弱之人——创造者的相反、舞者的相反。因为，事实上，人们是因为弱而承担，人们只在虚无的意志之下才承担。（参照《查拉图斯特拉如是说》中的小丑，以及驴子的角色。）

根据尼采，上述的这些虚无主义阶段对应于犹太教、接着是基督教。但是在很大的程度上它已经由希腊哲学所预备好了，也就是由希腊所发生的哲学退化所准备着。更广地来说，尼采指出这些阶段也关联上思想主要范畴的创生：我、世界、神、因果关系、目的等。不过，虚无主义的脚步并不止于此，它继续向前，它造就了我们整个历史。

四、上帝之死（la mort de Dieu）

这是取回（récupération）的时刻。在很长的一段时间里，上帝之死看起来是一桩发生在宗教内部的惨剧，如同发生在犹太教上帝与基督教上帝之间的一个事件，以至于我们搞不清楚到底是由于父亲的怨恨而儿子死了，还是父亲以死来促成儿子的独立，并成为“世界的”。不过，圣保罗（Saint Paul）将基督教奠基于基督是为了人类罪过而死的观念上。到了宗教改革时期，上帝之死越来越被认为是神与人之间的事，直到最后，人发现自己才是杀死神的凶手，并愿意如此接受，承担起这个新的重量。人意欲的是上帝死之后顺理成章的结果：人变成上帝，取而代之。尼采的想法是，尽管上帝之死是一件引起轩然大波的重大事件，但事情还没有结束，因为“虚无主义”犹在，几乎连形式都没有什么改变。如我们在前文中所见，过往虚无主义指：以高等价值之名，对生命加以贬抑及否定；现在它指：否定这些高等价值，取而代之的是人的价值——太过于人的价值（道德取代宗教；效用、进步及历史本身取代神圣的价值）。什么都没有改变，因为依旧是同样的反动生命、同样的奴隶制度，过往，它在神圣价值的庇护之下获胜，现在它仰赖人类价值得胜。同样的承担者，同样的驴子，过往它扛着不凡圣物的重量，并在神的面前许诺；现在，它自行承担，以向自己负责的方式扛着。在虚无主义的沙漠中，人们甚至又向前跨了一步：人们宣称他们所拥抱的是完整的现实（la Réalité），然而实际上人们所拥抱的只是高等价值所遗留之物：反动力量及虚无意志的残余。这是为何尼采在《查拉图斯特拉如是说》第四卷中描绘出他称作“高等人”的这类人的巨大不幸，他们意欲取代神，担起人的价值，甚至相信找到了现实，取回了肯定之意义，然而他们唯一可以得到的肯定只是驴子的“是”，伊呀声，也就是自行承担着虚无主义所结之果的反动力量，每次承担着否、却自以为是的反动力量。两位针对是与否，以及它们的本真性或神秘化进行深刻省思的现代作家为尼采与乔伊斯[1]。

五、最后的人与寻死的人

这是结束的时刻。上帝之死是一个意义及价值悬而未决的事件。只要我们不改变评价的原理，只要我们用新的价值取代旧的价值，那么这意味的只是反动力量与虚无意志的新组合方式，而一切都不会有所改变，我们也将继续停留在既经确立的价值主宰下。我们很清楚一些价值诞生时就是老的，它们从诞生以来表现出的是顺从性、循规蹈矩以及无力撼动一切既经确立的秩序。然而，每走一步，虚无主义也前进一些，空虚也益显壮大。因为在上帝之死事件下所出现的，是反动的力量与虚无的意志之结盟，也就是反动的人与虚无的神之结盟方式正在崩裂：人已然宣称可以摆脱上帝，自己可以取代上帝。尼采的概念皆属于无意识的范畴。重要的是，这个惨剧在无意识中所进行的方式：当反动的力量声称可以摆脱“意志”，它们在虚无的深渊中越走越深，它们在一个日益剥除价值的世界中越走越远，无论剥除的是神圣的价值或是人的价值。脱离了高

1. 詹姆斯 · 乔伊斯（James Joyce，1882—1941），爱尔兰作家、诗人，代表作包括《都柏林人》《一个青年艺术家的画像》《尤利西斯》及《芬尼根的守灵夜》。——译者注

等人，接着最后的人出场，他说：一切皆空，宁可消极地寂灭！与其是虚无的意志，宁可是意志的虚无！但是在这种断裂的推波助澜之下，轮到虚无的意志转身对抗反动的力量，变成否定反动的生命本身的意志，并且启发人类主动自我毁灭的渴望。因此，在最后的人之后，还有寻死的人。就在虚无主义完成之处（午夜），一切皆已备妥——准备着一种蜕变。[1]

*

一切价值的蜕变定义如下：力量的主动生成、在权力意志当中肯定的胜利。在虚无主义的主宰之下，否定是权力意志的形式与根本；而肯定仅是次要、臣服于否定、收获并结着否定的果实的。以至于驴子的是，伊呀声，只是一个虚假的是，如同肯定的歪曲形象。现在，一切都改观了：肯定变成了本质或者权力意志本身；否定虽然还在，但只是如同肯定的存在状态，如同肯定所拥有的攻击性，

1. 在尼采的哲学中，最后的人与寻死的人之间的区别是基本的：例如，请参照《查拉图斯特拉如是说》中占卜者的预言（第二卷，“占卜者”）与查拉图斯特拉的呼吁之间的差别（“序言”，四、五）。参见本书“尼采文摘”21及23。——原注

如同宣示性的闪电与伴随着如此肯定而来的雷声——同伴随着创造而来的全面批判。如此，查拉图斯特拉是纯粹的肯定，在做出否定的行动和诉求以服务于那肯定者和创造者的同时，他担负的正是最高的否定[1]。查拉图斯特拉的是相反于驴子的是，如同创造相反于背负。查拉图斯特拉的否相反于虚无主义的否，如同攻击相反于怨恨。蜕变就是指肯定—否定关系的翻转。然而，我们知道，除非走出虚无主义，否则蜕变是不可能的，要历经最后的人以及寻死的人，否定才终于将矛头转向反动的力量，变成一种主动，被最高的肯定所用。所以尼采才说被击倒的虚无主义，不过是被自己所击倒……

肯定是意志最高的权力。然而，被肯定的是什么？是地球、是生命……然而，当它们是肯定的对象的时候，地球及生命采取了什么形式？这是仅仅居住在遭受浩劫的地球表面上、只活在与零所差无几的状态下的我们所不知道的形式。虚无主义所谴责、所力图否定的不尽然是存有，因为我们早就知道，存有相似于虚无，如其兄弟。它所要谴责及否定的毋宁是多、毋宁是生成。虚无主义视生成如同应该要赎罪的东西、应该要被存有所吸收的东西；它视多如同不正当的东西，应该要接受审判、被一（l'Un）所

1. 参见本书“尼采文摘”24。——原注

吸收的东西。生成与多皆有罪，这是虚无主义最初也是最终的话语。同样地，在虚无主义的主宰之下，哲学把幽暗的感受作为动机：一种“不满”，人们不明白活着何以如此地焦虑与不安——一种阴暗的负罪感。与此相反，蜕变的第一个形象是将多及生成提升到最高权力的地步：它们是肯定的对象。在对多的肯定当中，有着多样的真实快乐（joie）。快乐出现，它作为哲思的唯一动机。虚无主义对否定的感受或悲苦的感情赋予价值，它的权势正是立足于这种神秘化之上，早有卢克莱修[1]及后来的斯宾诺莎对此写下了重要的看法，早于尼采，他们将哲学构想为肯定的权力，如同对反神秘化的具体斗争，如同对否定的驱除。

多以其自身而受到肯定，生成以其自身而受到肯定。这也就是说，在同一时间，肯定就是多自身、肯定变成其自身；而生成及多本身就是肯定。肯定若受到正确地理解，其中就有着如同镜像互映般的情况。“永恒的肯定……我永恒地是你的肯定！”蜕变的第二个形象是肯定的肯定、是一分为二、是狄奥尼索斯—雅莉安（Dionysos-Ariane）这

1. 卢克莱修（Lucrèce），公元前 1 世纪罗马诗人、伊壁鸠鲁派思想家，唯一传世作品《物性论》，为一部共包含六卷、七千余句的长诗，内容对于伊壁鸠鲁思想有所阐扬，体现出原子论观点、反宗教思想、推崇个人幸福快乐的追求。——译者注

一对神圣的组合。[1]

在前面所提到的所有特性之中，狄奥尼索斯从中浮现。此处，我们离受叔本华影响下尼采的第一个狄奥尼索斯已经远矣，那个把生命再收回到一个原初之本中的狄奥尼索斯、那个与阿波罗[2]结盟以产生悲剧的狄奥尼索斯。确实如此，从《悲剧的诞生》以来，尼采是从狄奥尼索斯与苏格拉底对立的角度来界定他，更胜于他与阿波罗之间的结盟：苏格拉底以高等价值之名来审判及谴责生命，然而狄奥尼索斯知道生命没什么该被审判的、生命本身相当正当、相当神圣。随着尼采在其作品中向前推进，他看到了真正的对立：不再是狄奥尼索斯对立于苏格拉底，而是狄奥尼索斯对立于耶稣。他们的殉道看起来是共通的，但是对于殉

1. 在《尼采与哲学》探讨双重肯定的段落中，德勒兹说："肯定没有它自身以外的对象。清楚地说，唯当它在它自身当中是它的对象，它才成为存有（être）。肯定作为肯定的对象——如此的肯定就是存有。在它本身及作为第一肯定（affirmation première），它是生成（devenir）。然而，唯当肯定是另一个肯定的对象，此肯定将生成提升到存有之中或者是从生成当中提取（extraire）出存有，它才是存有。这是何以使出全力的肯定总是双重的：人肯定了肯定（on affirme l'affirmation）。也就是说，第一肯定（生成）是存有，但条件是它作为第二个肯定的对象。这两种肯定构成了肯定的全部力量。"德勒兹接着说，尼采运用了一些充满象征意味的方式来表达肯定双重性的思想，其中第二种即是狄奥尼索斯—雅莉安这对神仙眷侣。简言之，狄奥尼索斯是肯定本身、第一肯定、亦即生成，投入狄奥尼索斯怀抱、将其女性特质解放出来的雅莉安是将狄奥尼索斯作为肯定对象的第二个肯定、肯定的肯定。参见《尼采与哲学》（*Nietzsche et la philosophie*，PUF，Paris，2014），引文参见第 291—292 页。——译者注

2. 参见本书"尼采文摘"9。——原注

道的诠释及评价却是不同的：一边是以见证对立于生命，报复方式是否定生命；另一边是肯定生命、肯定生成和多，肯定到狄奥尼索斯被撕碎、肢体四散的地步。舞蹈、轻盈和笑是狄奥尼索斯的属性。如同肯定的权力，狄奥尼索斯在他的镜子中叫唤出一面镜子，在他的指环中叫唤出一个指环：需要第二个肯定，来让肯定本身受到肯定。狄奥尼索斯有一位未婚妻雅莉安（"有小耳朵，你有我的耳：对它说一句明智之言。"）唯一的明智之言即为是（Oui）[1]。雅莉安完成着界定狄奥尼索斯与狄奥尼索斯哲学家的全部关系。

多不再受一（l'Un）审判、生成不再受存有审判。而是存有和一努力丢去其意义；它们采取了新的意义。因为现在一表示多本身（一些碎片或片断）；存有表示生成本

1. 德勒兹举出了"迷宫或耳朵"作为尼采表达双重肯定的方式之一："迷宫首先指无意识、自我（le soi）。其次，迷宫指永恒回归本身：呈环状，迷宫并非迷失道路，而是引领我们回到是、曾是、将是（qui est，qui a été et qui sera）的相同的点、相同时刻的道路。但在更深沉的层面上、从构成永恒回归之源头的角度来看，迷宫是生成、是生成的肯定……真正的迷宫是狄奥尼索斯本身……但是唯有它的肯定自身被肯定，生成才是存有。狄奥尼索斯不仅要雅莉安听、也要她肯定肯定：'你有小耳朵，你有我的耳朵：对它说一句明智之言。'耳朵是迷宫，耳朵是生成的迷宫或肯定的迷宫。迷宫引领我们通达存有，唯一的存有是生成的存有，唯一的存有是迷宫本身的存有。但是雅莉安有狄奥尼索斯的耳朵：肯定自身必须被肯定，以便让它就是存有的肯定。雅莉安对狄奥尼索斯的耳朵说了一句明智之言。这也就是说：在本身听到狄奥尼索斯的肯定之后，她把这个肯定作为第二个肯定的对象，被狄奥尼索斯听到。"参见《尼采与哲学》，第294—295页。——译者注

身。这就是尼采式翻转，或蜕变的第三个形象。人们不再将生成对立于存有、多对立于一（这些对立本身是虚无主义的范畴）。相反地，人们由多来肯定一、由生成来肯定存有，或者如尼采所说的，人们由偶然来肯定必然。狄奥尼索斯是一个掷骰者。一个真正的掷骰者将偶然视为肯定的对象：他肯定片断，片断也就是偶然的成员；从这个肯定中，产生了必然的数字，它带回了偶然（Le coup de dès）[1]。人们看出这第三个形象是什么：永恒回归的游戏。回归正是生成中的存有、多中的一、偶然当中的必然。人们应该要避免将永恒回归视作同一回归。这误解了蜕变的形式及根本关系中的改变。因为同一（le Même）并不先于多样而存在，除非是在虚无主义的范畴内。不是同一这个东西回归了，而是回归即同一的本来形式，它意味着多样、多和生成。同一并不回归，而是回归乃是生成同一之所在。

1. 在《尼采与哲学》中，德勒兹在“掷骰子”（Le coup de dès）一段中谈到尼采掷骰子的两个时刻，骰子掷出的时刻及骰子落下的时刻。掷出时是对偶然的肯定，但骰子一旦落下便落入必然性之中，德勒兹说：“被掷出一次的骰子是对偶然（hasard）的肯定，在落下时所形成的组合是对必然性（nécessité）的肯定。必然性由偶然所肯定，一如存有由生成所肯定，一由多所肯定。”参见《尼采与哲学》，第40页。紧接着在掷骰子“对永恒回归的后果”（Conséquences pour l'éternel retour）的段落中，德勒兹提到：“永恒回归是第二个时刻，是掷骰子的结果，是对必然性的肯定，是那个让偶然所有四肢合起来的数字。但这也是第一个时刻的回归，再掷一次骰子，偶然本身的重来及再肯定。”参见《尼采与哲学》，第43页。——译者注这与永恒回归的本质有关。这个永恒回归的问题应当摆脱无用的或虚假的各类主题。人们有时候会问，尼采怎么会自认这样一种在古代哲人身上并不罕见的思想是前所未见并超凡的：不过，尼采正是非常清楚这样的思想并不存在于古人之中，无论在希腊或东方，要不也只是在一种有限而且不清楚的情况下存在过，其意义也与尼采所赋予的意义迥然不同。对于赫拉克利特，尼采做出了很清楚的保留。就像把一条蛇放在喉咙里，他托查拉图斯特拉之口说出永恒回归，只是意味着他托付给琐罗亚斯德这个古代人物一个他最不可能想到的思想。尼采曾说到他把查拉图斯特拉这个人物当作一种委婉的托辞，或更恰当地说把他当作修辞上的一个倒反（antiphrase）、一个换喻（métonymie），因而刻意地施惠于这个人物，将这个人物自己所无法形成的新的概念赋予他。[1]

人们也会问，如果永恒回归涉及一种循环，也就是说

1. 参考《瞧！这个人》，“为什么我是命中注定”，第三节：严格地说，永恒回归在古代就已经获得支持的说法是非常可疑的。在这个主题上，整个希腊思想在态度上都非常地保留：参考慕格莱（Charles Mugler）的近作《希腊宇宙论的两项主题：循环生成与多元世界》（*Deux thèmes de la cosmologie grecque: devenir cyclique et pluralité des mondes*, Klincksieck，1953）此外，根据研究专家的说法，对于中国、印度、伊朗或巴比伦思想而言，情况也是如此。关于古代人具有循环时间观相对于现代人具有历史时间观的这种看法本身是失之简单而不精确的想法。综观各方面，以及尼采自己的看法，我们可以说永恒回归是一项尼采的发现，只是在古代有着若干的初次显露（prémisses）。——原注

涉及大全的回归、相同的回归、回到同一的回归（retour au Même），那么这个想法有什么大不了：然而明白地说，永恒回归与这些皆无关。尼采的秘密，就是永恒的回归是选择性的，而且是双重选择性的。首先，它作为思想，因为永恒回归给予我们一个除去一切道德约束的意志自主的法则：无论我欲求的是什么（我的懒惰、我的嗜吃、我的懈怠、我的恶行如同我的德行），我“应该”以一种我欲求它永恒回归的方式来欲求它。所有的“半欲求”都从世界上消失，所有我们欲求的都以这样的说法为前提：一次、只要一次。甚至也欲求着其永恒回归的懈怠、懒惰都将变成一个有别于懈怠及懒惰的东西：它们将变成主动的，以及肯定的权力。永恒回归也不仅是选择性思想，它也是选择性存有。回归的只有肯定，只有可以被肯定的可以回归，只有快乐回归。一切可被否定的，一切是否定的都被永恒回归的运动本身所驱逐。我们或许会担心虚无主义与反动的各种组合会永恒地回归。我们应当将永恒回归相较于一个轮子；但是轮子的转动具有将一切否定驱赶开来的离心力。因为存有以生成而自我肯定，它驱逐与肯定相违的一切、虚无主义及反动的所有形式：愧疚、怨恨……我们只看到它们一次。

然而，在多处文章里尼采将永恒回归视为一个循环，这其中一切回归、同一回归、回归至同一——这些文章意味着什么？尼采是一个将各种观念“戏剧化”的思想家，也就是说他在张力的不同层面上将这些观念呈现为先后发生的事件。我们在上帝之死的问题上已经见识到这样的情况。同样地，永恒回归也有两种说明方式。如果尼采没发疯因而中断了他曾明确构想过的一个发展进程，那么关于永恒回归的说明方式应该不只两种。这两种来得及展现在我们眼前的说明方式，一个关联着生病的查拉图斯特拉，另一个则是康复中几乎痊愈的查拉图斯特拉。导致查拉图斯特拉生病的正是循环这个观念：回归的观念、同一回归的观念、一切回归到同一的观念。因为，在这种情况下，永恒回归只是一种假设，一种既平庸又骇人的假设。说它平庸是因为它同于一种自然而然的、动物性的、即刻的确定（这是为什么当鹰及蛇努力安慰查拉图斯特拉时，他会回答它们说：你们使永恒回归成为一句“陈腔滥调”，将永恒回归简化为一个为大家熟悉、太过熟悉的说词）[1]——说它骇人是因为假如真的一切都回归、一切都回归至同一，那么卑微又狭隘的人、虚无主义及反动也将回归（这是何以查拉图斯特拉大声喊出其强烈的厌恶及蔑视，并说他不能、不想也不敢说到永恒回归）。[2]

---

1. 参见《查拉图斯特拉如是说》第三卷，“康复”，二。——原注
2. 参见本书“尼采文摘”27。——原注

但当查拉图斯特拉正在康复中，情况又是如何呢？他将刚才忍受不了的东西忍受下来了吗？他接受了永恒回归，他把握了其快乐。这牵涉的只是一种心理上的改变吗？当然不是。这牵涉对于永恒回归本身的理解上及意涵上的改变。查拉图斯特拉承认，当自己生病时他一点都不理解永恒回归。永恒回归不是循环，不是同一的回归、不是回到同一的回归。永恒回归不是一个在动物看来平直单调又自然无奇的明显之手，也不是一个在人类看来哀伤的道德惩罚。查拉图斯特拉理解“永恒回归＝选择性存有”的同一性。因为永恒回归是那个只是肯定的存有、只是进行中生成的存有，那么反动的、虚无的东西怎么可能会回归呢？否定的东西怎么可能会回归呢？离心的车轮，“存有至高无上的星座，没有任何愿望可及，没有任何否定可玷污。”永恒回归是重复；但这是做选择的重复、带来解救的重复。一种带来解放及做选择的重复之超凡秘密。

蜕变因此有着第四个也是最后一个面向：它包含及产生超人。因为在其人的本质上，人是一个反动存有，他将其力量与虚无主义组合起来。永恒回归推开虚无主义、驱逐虚无主义。蜕变涉及一种本质上的根本转换，这个转换发生在人的身上，产生了超人。超人正是指可被肯定的一切的集合，是存有者的最高形式，代表着选择性存有类型，是这个存有的新芽及主体性。超人也在两个谱系的交会处。一方面，他从人当中产生出来，这经由最后的人及寻死的人的中介但又超越于他们，如同人类本质的撕碎及转换；但另一方面，超人从人当中产生，超人不是由人所产生的，他是狄奥尼索斯与雅莉安的结晶。查拉图斯特拉来自第一种谱系的血脉，因此他低于狄奥尼索斯，他是狄奥尼索斯的先知或宣告者。查拉图斯特拉称超人为他的孩子，但被他的孩子所超越，因此超人真正的父亲是狄奥尼索斯。[1] 蜕变的形象至此完成：狄奥尼索斯或肯定；狄奥尼索斯—雅莉安或一分为二的肯定；永恒回归或重复的肯定；超人或肯定的类型或产物。

*

作为尼采的读者，我们应该避免四种可能的误解：第一个与权力意志有关——认为权力意志指“控制的欲望”或“欲求权力”；第二个与强者及弱者有关——认为在一个社会体制中越“有权力者”也因此是“强者”；第三个与永恒回归有关——认为这是自希腊人、印度人、巴比伦

1. 参见本书“尼采文摘”11。——原注

人……那里借来的旧观念，认为永恒回归涉及一个循环或同一的回归、回到同一的回归；第四个则有关尼采最后的作品——认为这些作品过于极端或由于尼采的疯狂而不可信取。

作品中的主要角色

老鹰（及蛇）——查拉图斯特拉的动物。蛇盘绕在老鹰的脖子上，这两者因此都表达着永恒回归，如同缔结、如同在指环中的指环，如同狄奥尼索斯—雅莉安这对神圣伴侣的婚约。不过，它们是以动物的方式来表达永恒回归的，如同一种随即而来的确定或自然而然的明白（它们没搞清楚永恒回归的本质，也就是选择性，无论就思想上或存有上皆是如此）。它们也把永恒回归搞成一种“喋喋不休”、一种“陈腔滥调”。此外，一旦人们将永恒回归视为自然的确定性，据此这确定“一切都回归”，展开的蛇便表现出在这种情况下永恒回归当中的不可忍受和不可能。

驴子（或骆驼）——沙漠中的动物（虚无主义）。它们负重、它们背负着重担直到沙漠的尽头。大写的驴子有两项缺点：它的否是一种虚假的否、一种怨恨的“否”；它的是（“伊呀、伊呀”）是一种虚假的是。它以为肯定就意味着背负、承担。驴子基本上是基督教的动物：它承担着据说是“高过于生命”的价值之重量。在上帝死了之后，它自搬重物驮在自己的背上，承担了“人的”价值的重量，它声称接受“如其所是的真实”：从此它成为“高等人”的新神。从一端到另一端，驴子是狄奥尼索斯之是的歪曲形象及背叛；它肯定，但肯定的只是虚无主义所结的果。此外，它的长耳朵也完全不同于狄奥尼索斯与雅莉安的像迷宫般小而圆的耳朵。

蜘蛛（或舞蛛）——这是报复或怨恨的精神。它的感染权力就是它的毒液。他的意志是一种处罚及审判的意志。它的武器是丝：道德之丝。它所宣扬的是平等，全世界都变得跟它一样!

雅莉安（与忒修斯）——这是女性特质。她为忒修斯所爱，也爱他。但确切地说，她抓着线，有点蜘蛛的样子，怨恨冷冰冰的创造物。忒修斯是英雄，一种高等人的形象。他具有“高等人”一切的低劣之处：背负、承担、不知卸下枷锁、不了解轻盈。当雅莉安爱忒修斯，并为他所爱，她的女性特质受到囚禁，为线所捆绑。然而当狄奥尼索斯所化身的公牛向她靠近，她明白了什么是真正的肯定、真正的轻盈。她变成肯定的女性特质，向狄奥尼索斯说是。他们两人构成了永恒回归的情侣，产生了超人。因为，“当英雄放弃了灵魂，超英雄才会在梦中走进。”

小丑（猴子、侏儒或魔鬼）——这是查拉图斯特拉的歪曲形象。它模仿他，但犹如沉重模仿轻盈。它代表着查拉图斯特拉所面临的最糟糕的危险：对原则的背叛。小丑蔑视，但他的蔑视来自怨恨。他是沉重精神。如同查拉图斯特拉，他声称超越、克服。然而，对他而言，克服或者指让自己受到背负（爬到人的肩膀上、爬到查拉图斯特拉自己的肩膀上）；或者指从上方跳过去。这是两种关于“超人”的可能误解。

基督（圣保罗及佛陀）——（1）基督代表着虚无主义非常重要的时刻：在犹太教的怨恨之后，他代表着愧疚的时刻。不过这仍是与生命为敌的相同报复及敌视；因为基督教的爱只看重生命病态及荒芜的一面。借着他的死，基督似乎在犹太神之外自立起门户：他成为普遍的及“世界的”。然而他只不过是找到了一种审判生命的新方式、一种将谴责生命普遍化并且同时内化错误“愧疚感”的新方式。基督是为我们而死，为我们的罪过而死！这至少是圣保罗所提出的诠释方式，并在教会体系中和历史上盛行。基督的殉教完全不同于狄奥尼索斯的殉教：在前者，生命受审判，应赎罪；在后者，生命该由自己来评断。“狄奥尼索斯对立于耶稣。"（2）然而，假如我们去探索在圣保罗的诠释之下，耶稣到底是哪一种人物类型，我们猜想耶稣会以完全不同的方式归入"虚无主义"。他温和、愉快、既不谴责，也以一视同仁的态度看待种种罪过；他意欲的只是死，它期盼死亡。它见证了圣保罗所跨出一大步的诠释，已经代表着虚无主义最高的阶段，即最后的人的阶段，甚至是寻死的人的阶段：是最接近狄奥尼索斯蜕变的阶段。基督是"堕落者中最有趣的"，是某种的佛陀。它让一种蜕变成为可能；从这点来看，狄奥尼索斯与基督的综合成为可能的："狄奥尼索斯—基督"。

狄奥尼索斯——狄奥尼索斯的不同面向包括：（1）阿波罗相关的面向；（2）与苏格拉底相对立的面向；（3）与基督相矛盾的面向；（4）与雅莉安相互补的面向。请参考前一章关于尼采哲学的说明，以及后文所选录的尼采文本。

高等人——有各式各样的高等人，但他们见证了同一件事：在神死之后，由人类价值取代神圣价值。他们因此代表文化的生成或者致力于把人放在神的位置。因为评价的原理没变，因为蜕变还没有发生，他们完全归入虚无主义之中，更接近于查拉图斯特拉的小丑，而非查拉图斯特拉自己。他们"失败""错过"，不笑、不游戏，也不舞蹈。

根据逻辑顺序，高等人前进的队伍中情况如下：

（1）最后的教宗：他知道上帝已死，但相信上帝是窒息而死，基于怜悯而窒息致死，无法再承受对人的爱。最后的教宗失去了主人，然而他并不自由，他靠着回忆而活。

（2）两位国王：他们代表着“风俗伦理”运动，它的任务是培养和训练人，通过最残暴、最束缚的手段，造就一个自由的人。当中有两个国王，左边的一位负责手段，右边的一位关乎目的。但是，在上帝死之前如同上帝死之后，对手段而言如同对目的而言，风俗伦理本身退化，训练及选择皆开倒车，而滋长了“下等人”的壮大（奴隶的胜利）。成为高等人之新神的驴子是由这两位国王所牵引来的。

（3）最丑陋的人：他是杀死上帝的凶手，因为无法忍受神的怜悯。但他始终是老人，又更丑了：不是上帝为他而死所产生的愧疚，他感受到的是他杀了上帝所产生的愧疚；不是由上帝所给的怜悯，他知道的是人的怜悯、下等人的怜悯，这又更难以忍受了。他带来了驴子的啰嗦，引起了虚假的“是”。

（4）水蛭专家（L'homme à la sangsue）：他想以知识来取代神圣价值、宗教甚至道德。知识应该是科学的、准确的及锐利的：无论其目标是大是小，最细枝末节的准确知识可以取代最“伟大的”价值之信仰。这是为什么人将手伸向水蛭，并以认识这么一件微不足道的事为己任与目标：研究水蛭的脑部，而不去探究最基本的原因。但是水蛭专家只知道关于水蛭的知识，他从道德及宗教手中接棒，继续追寻同一个目标：切开生命、肢解及审判生命。

（5）自愿的乞丐：这种人甚至拒绝知识。除了人类幸福，他一无所信，他在尘世间寻找幸福。然而，人类幸福尽管是如此平庸乏味，也无法在满怀怨恨与愧疚的下等人当中寻获。人类幸福只可以在母牛身上找到。

（6）巫师：这是愧疚之人，无论在神的麾下或神死之后都可见到他的踪影。愧疚基本上是虚情假意的、暴露狂的。他各种角色都演，甚至是无神论者、诗人或雅莉安的角色。但无论哪一种角色，他总是欺骗及责难。嚷着“这是我的错”，愧疚想引人怜悯，引人产生负责感，甚至强者也是其对象。他想让所有活着的皆感惭愧，散布他的毒液，“你的抱怨里带着圈套！”

（7）浪迹的影子：这是文化之活动，它四处找寻机会实现其目标（获选及受训练的自由的人）：无论在神之麾下或在神死后，无论在知识方面或在幸福方面等等。它四处都达不到目标，因为这个目标本身就是一道影子。这个目标，即高等人，其本身总是失败、错过。这是查拉图斯特拉的影子，不是别的就只是他的影子，它四处跟随着他，但消失在两个重要的蜕变时刻：午夜和正午。

（8）预言者：他说，“一切皆空”。他宣告虚无主义的最后阶段：人在估量到以人取代上帝一事之枉然后，相较于意欲虚无，他宁可什么都不要。预言者因此宣告最后的人之到来。出现在虚无主义终结之前，预言者走得比高等人还远。但他不清楚最后的人之后的情况：寻死的人，意欲自己衰败的人。在寻死的人身上，虚无主义真实地完结了，为自己所败：蜕变和超人已近。

查拉图斯特拉（及狮子）——查拉图斯特拉不是狄奥尼索斯，只是他的先知。这种附属关系通过两种方式表现出来。首先我们可以说查拉图斯特拉仍停留在“否”中。这种否确实不再是虚无主义的否：它是狮子的“神圣的否”，它是神圣与人类的一切经过确立的价值的瓦解，这些价值所组成的正是虚无主义。这是超越虚无主义的否，内在于蜕变之中。还有，当查拉图斯特拉将手伸入狮毛中，他的任务应该已经完成了。——然而，实际上，查拉图斯特拉并不只停留在否，即便是神圣的和起着蜕变作用的否。他充分地参与了狄奥尼索斯的肯定，他本身已经属于这种肯定的观念，狄奥尼索斯的观念。同样地，狄奥尼索斯与雅莉安在永恒回归中缔结婚约，查拉图斯特拉也在永恒回归中找到其未婚妻。同样地，狄奥尼索斯是超人之父，查拉图斯特拉称超人为他的孩子。无论如何，查拉图斯特拉被他自己的孩子们所超越；他只不过如此期许，但并不是永恒回归指环的组成要素。在超人产生方面，由他来产生超人的程度少，而是偏重于在人身上确保超人之生产，创造在其中人可自我超越和被超越的所有条件、在其中狮子变成孩子的所有条件。

尼采历年作品

尼采历年作品

1872 年 《悲剧的诞生》

1873 年 《不合时宜的沉思》(第一卷：施特劳斯：表白者与作家)

1874 年 《不合时宜的沉思》(第二卷：历史学对于生活的利与弊)

1876 年 《不合时宜的沉思》(第三卷：作为教育者的叔本华)

《不合时宜的沉思》(第四卷：瓦格纳在拜鲁特)

1878 年 《人性的、太人性的》

1879 年 《浪迹者及其影子》

1881 年 《朝霞》

1882 年 《快乐的科学》(第一卷—第四卷)

1883 年 《查拉图斯特拉如是说》(第一部、第二部)

1884 年 《查拉图斯特拉如是说》(第三部)

1885 年 《查拉图斯特拉如是说》(第四部)

1886年 《善恶的彼岸》

1887年 《论道德的谱系》《快乐的科学》(第五卷)

1888年 《瓦格纳事件》《偶像的黄昏》《敌基督》《尼采反瓦格纳》《瞧!这个人》(这五本著作中仅有《瓦格纳事件》是在尼采发病前由他出版。)

尼采的作品还包含文献学研究、研讨会、课堂上的文字，以及诗和音乐作品，特别是大量的笔记，《权力意志》一书便是从笔记中整理而成。

主要的尼采作品全集包括：尼采档案馆版（Nietzsche Archiv）共19卷，莱比锡，1895—1913年；慕萨利恩版（Musarion Ausgabe）共23卷，慕尼黑，1922—1929年；许莱叙塔版（Schlechta）共3卷，慕尼黑，1954年。这些版本尚无法满足一般评论研究上的要求。

这个落差有可能不久之后将由科利（Giorgio Colli）与蒙提纳立（Mazzino Montinari）所进行的工作而获得弥补。在法国，伽里玛出版社 N. R. F. 丛书所出版的《尼采哲学作品全集》便是以他们二人的成果为依据的。

尼采妹妹所扮演的角色是一个问题。她对尼采档案馆的影响是全面的。但是或许有必要区分几个问题——许莱叙塔先生在近来所引发的争论中有意混淆的问题。

一、窜改的情形存在吗?

在1888年的作品中，出现的问题比较多的是手稿误读，以及文句位置方面的调整。

二、《权力意志》的问题

人们知道《权力意志》不是一本尼采出版的著作。尼采于1880年代的笔记大约包含了四百个段落，其被一一编号并分成四组。但这个时期尼采有多项写作计划。《权力意志》便是依据一项于1887年所拟定的计划由这四百段笔记、再补上不同时期的笔记所构成的。我认为尼采拟定的所有计划都能出版是很重要的，尤其是所有的笔记都能经过批判的和严格时序上的查验而加以出版。就此而言，许莱叙塔先生的版本并没有做到。

三、笔记整体的问题

许莱叙塔先生认为，这些“遗著”并没有包含什么重要的内容，是尚未出现在尼采自己所出版的著作中。这样的看法让尼采哲学的诠释都成了问题。

*

尼采著作的主要法语译者包括：亨利·亚伯特（Henri Albert），Mercure de France 出版社；珍娜维耶芙·毕安纪思（Genevieve Bianquis），伽里玛出版社 N.R.F. 丛书与 Aubier 出版社；亚历山大·维亚拉特（Alexandre Vialatte，N.R.F. 丛书）。本章开头所列出的尼采作品皆有法语译本。

除外之外，我们可以再加上：《权力意志》，珍娜维耶芙·毕安纪思译，N.R.F. 出版；《希腊悲剧时期哲学的诞生》（*la philosophie à l'époque de la tragédie grecque*），珍娜维耶芙·毕安纪思译，N.R.F. 出版；《尼采诗集》（*Les Poèmes*），亨利·亚伯特译，Mercure de France 出版；希柏蒙—德塞涅（Ribemont-Dessaignes）译，Seuil 出版。

以及《书信中的尼采》（*La vie de Nietzsche d'après sa correspondance*），乔治·瓦尔斯（Georges Wals）译，Reider 出版；《尼采书信选》（*Lettres choisies*），亚历山大·维亚拉特译，N.R.F. 出版；《尼采与彼得·加斯特书信集》（*Lettres à Peter Gast*），安德烈·夏夫纳（André Schaeffner）译，Rocher 出版；《同代人眼中的尼采》（*Nietzsche devant ses contemporains*），珍娜维耶芙·毕安纪思译，Rocher 出版。

尼采文摘

一、哲学家是什么

“……不合时宜地行动，也就是说反抗时代，并如此在时代之上，以利于（我如此希望）一个将要到来的时代。”

——《不合时宜的沉思》

1. 戴上面具的哲学家

哲学精神永远都是开始于对自身的乔装及掩饰，借用早先形成的沉思者类型，无论是祭司、预言家，还是普通的宗教人士，也无论在怎样的程度上，这么做只是为了成为可能的；长期以来，哲学家利用禁欲的理念作为其外表及存在的条件，为了做哲学家，他被迫表现出这样的理念；为了表现这样的理念，他被迫相信它。这种对哲学家所持的特定态度导致哲学家远离世界，这种存在方式否定世界，这种哲学家的态度、这种存在方式表露出对生命的敌意，对生命既怀疑又严厉。这种态度一直延续到今日，乃至于被视为最具代表性的哲学态度。不过说穿了，这种态度只是哲学家在被迫的情况下所接受条件的结果，哲学诞生与发展上所不可避免要接受的条件：因为，在很长的一段时间里，如果不戴上禁欲的面具与乔装，哲学在尘世间是完全不可能的。说得更具体一些，摆在眼前的事实是：直到今日，这个禁欲的祭司身上展现出最令人作恶的、最阴暗的形式，一种毛毛虫的形式，而唯有它才能给予哲学家爬行存在的权利……情况真的改变了吗？在一个阳光普照、更温暖、更明亮的世界中，这个千色带翅的危险昆虫，为虫茧所包覆的“精神”，它终于可以褪去一身的旧衫而在阳光下伸展吗？今日在大地上已经有了足够的骄傲、胆识、勇气、自觉、精神的意志、责任的渴望、自由的意志，让“哲学家”从今以后成为可能的了吗？

《论道德的谱系》，第三章，十，亨利·亚伯特译，Mercure de France 出版。

2. 批判哲学家

我是哲学家狄奥尼索斯的门徒；我宁可被认为是萨堤尔（Satyre）[1]，也不要被当作圣人……想让人性“更好”，这当是我会承诺的最后一件事。我不树立新的偶像；旧偶像因此知道立足在黏土的双脚上的代价为何！推翻偶像

1. 希腊神话中地位较低的神，生活在山林间，也是酒神狄奥尼索斯的伙伴。萨堤尔被描绘为面容狰狞、半人半羊的裸身怪物，活泼好动、性喜嬉戏，经常追逐山林女神及参加酒神节狂欢的女人们，因此兼具醉汉及色鬼形象。——译者注

吧——我如此称呼一切理想的东西——这毋宁已经是我的事情。当人们借着谎言而想象出一个理想世界，人们也从现实手中将它的价值、它的意涵、它的真诚抢走……对于“真理世界”及“表象世界”，你们应该理解成：被发明的世界及现实……直到今日，关于理想的谎言都是悬在现实头上的诅咒。在这种谎言的侵入之下，人性本身已经受到扭曲及造假，直至其最深的本能上，直至其所拥抱的价值是对立于发展、未来、走向未来的无上权利的价值。

那些懂得从我的字里行间呼吸到空气的人明白，这是高处之气，高处的空气是充满活力的。必得为了这大气而受造，否则人们很容易受寒着凉。寒冰迫近，孤独无边——但，你瞧，一切以何等的平静在一片光明中栖息着！你瞧，人们以何等的自在呼吸着！人们如此以超越自己的方式感受着！我所亲身经验的哲学、我至今所领会的哲学，这是在冰雪风霜中、在崇山峻岭间自愿的存在——追寻着生命中陌生的、可疑的一切，追寻着直至今日被道德所禁止的一切。这是我行走在受到禁止的一切当中所获得的一段漫长经验，它教我以另一种应该予以鼓励的方式看待直至今日促成道德化及理想化的原因。我明白了哲学受到掩盖的历史，以及那些阐扬哲学的大人物的心理。一个精神承受得起的真理到什么程度、一个精神胆敢面对的真理具有怎样的分量，在关于价值的真正衡量上，这是越来越为我所仰赖的东西。错误，也就是在理想方面的信仰，并非来自盲目；错误来自怯懦。所有的开疆辟土、每个在知识领域上向前跨出的步伐都源自勇气，都源自面对自己的坚强，都源自面对自己的无瑕。我并不驳斥理想，我只是谨慎行事……追寻被禁止的（Nitimur in vetitum）[1]，借着这个标志，我的哲学终将胜利，因为直到今日，原则上只有真理被禁止。

《瞧！这个人》，前言，二、三，亨利·亚伯特译，Mercure de France 出版。

3. 不合时宜的哲学家

我们在此所见识到的是教条的结果，这一教条日前还受到宣扬，它肯定国家是人类无上的目标，对人而言，再也没有比为国效劳更崇高的目标了。在这当中，我看到的不是回归到异教之中，而是回归到愚蠢上头。一个将为国效劳视为无上责任的人可能实际上不清楚什么是无上责任。它排除不了在其他的地方也有人及责任，其中一种责任，

1. 语出公元 1 世纪前后古罗马诗人奥维德（Ovide）的《爱的艺术》第三卷第四节第十七句：Nitimur in vetitum semper, cupimusque negata（我们追求受到禁止的，渴望受到剥夺的）。——译者注

至少在我看来比为国效劳更高，它敦促人们破除一切的愚蠢，包括为国效劳这种愚蠢。这就是为什么我现在只跟哲学家一起，只跟这些置身于还算无关于国家利益的领域，亦即文化领域的人一起，关注在一种人身上，他们抱持的目的论所导向的比国家利益更高一些。在一环扣一环而共同构成人类公共事务的众多环套中，有一些是用纯金做的，有一些是用铜锡合金做的。

哲学家会怎么看待我们这个时代的文化呢？说真的，要从另一个面向来看，有别于这些自满现状的哲学教授。当他思虑着四处可见的急促、这种沦丧过程的加速，以及一切沉思生活、一切简单性的不可能，他几乎瞥见一种文化的瓦解、一种彻底的连根拔起。宗教之河流过，在其身后犹留下了沼泽及水塘；民族国家再次争相独立、相互攻击，要求继续分裂。科学在一种最盲目的放任之下无尺度的发展，粉碎及溶解了一切坚固的信念；有教养的阶层及社会则被卷入一种浩大并俾倪一切的金融活动中。世界不曾如此地世界，世界不曾在爱之上、在珍贵的给予上如此地匮乏。在这一片缺乏深刻性的担忧当中，知识界退缩成灯塔及避难所；日复一日，知识分子的担忧更多、思想更少、爱也更少。一切都利于即将来到的野蛮，当今艺术及科学的情况也不例外。有教养的人日益退化，他竟已然变成文化最可怕的敌人，因为他意欲粉饰普遍的病态、阻碍医生的工作。当人们说到他们的薄弱，当人们攻击他们危险的欺瞒精神，这些可怜的家伙，他们显得非常愤怒。他们意欲让人相信他们永世地赢取了奖项，他们的步伐受到虚假的愉悦所激励。(……)

然而，假如在现代生活的图像中，我们只提到构图的弱点、色彩的缺乏，因而有失之偏颇的嫌疑，不过我要说的第二个面向也并不会让人更愉快一点，甚至只会让人更加地忧虑。一些力量存在着，很大的力量，不过却是野蛮、莽撞、完全冷酷无情的。人们在一种忧虑的等待中看着它们，那目光像是看着地狱厨房里的锅炉：随时都可能沸腾、爆炸，宣布可怕的大灾难之到来。一个世纪以来，我们等着一些根本的大震荡。假如，在这最后时刻里，人们试图运用着声称代表民族的国家组织力量来对抗骨子里非常现代的这种爆炸性趋势，长期来看，国家不减反增地导致全面危险的提高，沉沉压在我们头上的威胁增加[1]。我们不会让自己被一些人在外表上显露出对这些隐忧一无所知的样子所误导。他们的担忧清楚地显示他们对情况有所掌握；带着未曾如此交集在一起的急切与排他性，他们现在只顾着自己；他们只为了自己、只为了（短暂的）一天而去构筑及栽种；当幸福应该在今日及明日就到手，对于幸福的

1. 稍微修改本句开头的原法语翻译。——原注

追逐未曾如此的强烈；因为到了后天，这种追逐可能已经结束。我们活在一个原子的时代、一个原子混乱的时代。

《不合时宜的沉思》(第三卷：作为教育者的叔本华)，四，亨利·亚伯特译，Mercure de France 出版。

4. 哲学家、生理学家及医生

我们处在一个意识变得微不足道的时期。分析到最后，除了作为纵观全局、高高在上的理智（intellect supérieur）服务的工具之外，我们并不理解意识的自我本身。如此，我们可以思考，是否所有的有意识的意欲、所有的有意识的目的、所有的价值判断只不过是单纯的工具，以达到跟在意识之光亮中向我们显现之物根本不同的东西。我们以为当中涉及的是我们的快乐或我们的痛苦，但是快乐与痛苦也许只是我们为了完成某些意识不到的操作之手段——有必要指出在何等程度上所有意识到的只流于表面，在何等程度上行动不同于行动的意象，而对于发生在行动以前的东西，我们所知道的是如何地有限；我们关于“自由意志”“原因及结果”的直觉是如何地不切实际；思想、意象（image）及文字如何仅是思想的符号，而在何等的程度上一切的行动都是不可捉摸的；赞扬与斥责在何等程度上只不过是表面的；我们意识的生命如何基本上仅仅发生在我们发明及想象的世界；如何我们所谈的永远都只是我们的发明（甚至是我们的感情），以及人类的链接是如何以这些发明的传承为基础——然而在骨子里真正的链接（借由繁殖）继续走在它未知的道路上……

总而言之，在整个精神的发展当中，所涉及的或许只是身体而已：精神的发展在于使我们有感于一个更高等身体的形成。有机体可以不断提升到更高的程度。我们对于认识自然方面的贪婪只是身体自我完善的手段。或者毋宁是我们透过几千几万次的经验来调整身体的食物、居住及生活类型；身体背负的意识及价值判断，各式各样的快乐及痛苦只不过是这些改变及这些经验的迹象。分析到最后，人与这件事一点关系都没有，人是要被超越的东西。

1883 年，《权力意志》，261，珍娜维耶芙·毕安纪思译，N.R.F. 出版。

5. 哲学家：生命可能性的发明者

在一些生命当中，困难与奇才相遇；这是思想家的生命。要竖直耳朵聆听他们各自按照其主题向我们所诉说的，因为我们从中发现生命的可能性，这是唯一给予我们快乐及力量的叙述，向着他们的后继者倾注一道光亮。当中有着与大航海家的旅行途中同样多的发明、反思、胆量、失望及期待；况且，说真的，这也确实是在生命最遥远、最危险的境遇中所做的探索之旅。这些生命让人惊讶的，是两种互相冲突的本能，它们向着相反的方向互相拉扯，却被迫要套在同一副牛轭中前进：知识的本能不断地驱使着人放弃他已经习惯生存之地，并投入未定之境；以及那种鞭策着生命不停摸索，找寻一块可供立足的新疆域的本能……

同样地，通过一双灵魂之眼，我不厌其烦地要提到一系列的思想家，他们每一个都具有这种不可思议的特殊性，并且通过为他自己所发现的生命可能性而唤起了惊讶：我想说的是生活在古代希腊最充满活力、最兴盛时期的思想家，也就是生活在波希战争[1]前的世纪，以及生活在这些战争期间的思想家。因为这些思想家踽踽前行，直到找到了生命最美的可能性；而我认为后来的希腊人忘记了其中最好的部分；哪一个地方的人可以声称他们重新找到了呢？……

受限于我们的本性及我们的经验，我们很难揣测出在

1. 波希战争（les guerres Médiques）指公元前5世纪前叶发生在波斯帝国与希腊城邦之间的一系列冲突及战役，公元前449年因双方签订《卡里阿斯和约》（Paix de Callias）而画下句点。——译者注

一个真正的文明内部，其具有强大的风格一致性，哲学家的任务会是什么；因为我们并不具有这种文明。相反地，只有一个如同希腊文明的文明才能够揭露出哲学家的任务到底是什么；我说过，只有这种文明才能够为哲学家证成，因为只有它明白并且能够证明为什么及如何哲学家不是一个普普通通的旅行者，偶然地存活下来，并不知何故地出现在此处、出现在彼处。一条铁律将哲学家与一种真正的文明系在一起，但是当这样的文明不存在时怎么办呢？在这种情况下，哲学家就如同一个行径不可预测的彗星，因此让人害怕；然而，在这种真正的文明当中，人们从一种有利的假说来看待，发出光芒的哲学家就如同太阳系中第一等的明星。希腊人证成哲学家的存在，只有在希腊人那里，他才不处在彗星的状态下。

1875年，《希腊悲剧时期哲学的诞生》，收录于《哲学的诞生》(*La naissance de la philosophie*)，珍娜维耶芙·毕安纪思译，N.R.F. 出版。

6. 立法者哲学家

我请求大家不要再将哲学家与哲学工人及宽泛意义下的科学人混为一谈了。正是在这方面，很要紧的是清楚地把“该谁的就归谁”，而避免有人归得太多、有人又太少。或许对一个真正哲学家的教育而言，他自身必定得经历他的下等合作伙伴，那些哲学的学术劳工，停留、必应停留的各个阶段。他或许应该也曾经是批判者与怀疑论者、教条拥护者与历史学者，以及诗人与收藏家、旅行者与解谜者、伦理学家与灵媒、“自由精神”与几乎什么都是，如此才能走完人类价值及判断的整套循环，养成一种能够从山巅探索远方、从深渊探索高峰、从狭隘角落探索所有空间的眼光及心灵。但这些只不过是完成他的工作上所要求的基本条件罢了；这个工作还需要别的；它要求他创造价值。这些哲学工人，如康德及黑格尔这种高等的类型，将观察到并表述出一大堆的价值判断，也就是价值上的古老规定，也就是说曾在逻辑上、政治上（或道德上）或美学上被视为真理而已经成为主导价值的这些价值的古老创造。要由这些思想家来让所有过往的事情及判断成为清楚的、可思考的、可把握的及可掌控的，并让“时间”精简及战胜过往；这个无比庞大又美妙的任务足以满足那些荣誉感最高、意志力最强的人。但真正的哲学家是那些发号施令及立法的哲学家。他们说：“就是该如此！”他们决定人类演变的意义及原因。为此，他们运用所有哲学工人、所有已经对过去清算的人所完成的准备工作；他们常向未来伸出创造性的手，一切既存的东西皆成为他完成此项任务的手段、工具、铁钟。对他们而言，“知识”是创造，他们的作品涉及立法，他们的真理意志就是权力意志。当今还有这样的哲学家吗？这样的哲学家从来都没有过吗？这样的哲学家不应该在未来存在吗？

《善恶的彼岸》，6，第211段，珍娜维耶芙·毕安纪思译，Aubier出版。

二、狄奥尼索斯哲学家

“英雄是快乐的，这是直到今日悲剧作家都忽略之处。”（1882年）

7. 狄奥尼索斯及阿波罗：他们的和解（悲剧）

当我们不是以理性之目光，而是以直觉之立即确定的方式明白了艺术的演化与日神及酒神的二元性有所关联，我们就在美学方面完成了一项决定性的进展。上述的二元性就如同生命的诞生关联着男女的二元性，关联着双方持续对抗，其间并交错着短暂的和谐。我们从希腊人那里借用了这两个词语；为了要恰当地理解它们，希腊人并不是借由概念，而是通过希腊神祇分明及极有说服力的形式来表达他们美学信仰中隐密及深层的真理。阿波罗及狄奥尼索斯这两位艺术的保护神向我们暗示：在希腊世界中存在着一种在起源与目的上的对立、在造型艺术或者说日神艺术上与在音乐的非造型艺术或者说酒神艺术上不可思议的对立。这两种如此不同的本能肩并肩地向前迈进，多半处于公开的冲突，相互激荡出更严谨的新创造，以确保两者间仅仅是在表面上由双方共同的艺术之名加以掩盖的这种对立能够持续不辍（perpétuer）；直到借由一种古希腊"意志"的形而上学奇迹，二者终于合而为一，并且在这种结合中最终促成了兼具酒神及日神性格的艺术作品，即阿提卡悲剧（la tragédie attique）。

为了更清楚地说明这两种本能，我们首先想象它们如同由梦与醉所区别出的两种美学区块，其生理上的表现给予了与日神及酒神之间相同的对比（……）[1]。

剩下我们该明白的是，悲剧是酒神的合唱，它扩散开来，向外投射出一种日神意象的世界。交错在悲剧中的合唱部分因此在某种意义上是整个对话的发生地，确切地说，亦即整体戏剧舞台元素的发生地。在连续几次爆发的过程中，借由向外扩散，悲剧的首要背景产生了本质上如梦的戏剧视野，也就是说具有史诗的特质，但在另一方面，通过具体化一种酒神的状态，它所再现的不是从外表上获得的日神救赎，相反地是沉没及消融在原始大写的存有当中。

1. 此处我们无法引述这段论证的完整文字。尼采通过梦来描绘阿波罗；预言（la prophétie）如同梦的真理；度量（mesure）如同梦的限制；而个体化原理（le principe d'individuation）如同美丽的外表。尼采用醉来描绘狄奥尼索斯；失度（la démesure）如同醉的真理；个体分解（résolution）或溶化（dissolution）在原初之大写的根本或大写的背景中。在后续作品的中，尼采会找到其他的特点来界定狄奥尼索斯，不过他以阿波罗以外的人物来界定狄奥尼索斯。——原注戏剧因此是酒神的概念及行动的再现……狄奥尼索斯化身其中的日神的现象不再是"一片永恒之海洋、一阵摆荡的波浪、一条炽热的生命"，如同合唱之音乐。这也不再是那些仅仅被感受到却没有凝聚成形象的力量、在其中狄奥尼索斯的仆人恍惚出神并感受到神之迫近。此刻，狄奥尼索斯说话了，就在舞台上，带着史诗形式的所有准确与坚定，不再通过莫名力量的中介，而是以史诗英雄的姿态，在一种几乎是荷马的语言中。

《悲剧的诞生》，1、8，珍娜维耶芙·毕安纪思译，N.R.F. 出版。

8. 狄奥尼索斯与苏格拉底：他们的对立（辩证）

苏格拉底灵魂的线索可以在他召唤其守护神这个奇怪的现象中找到。在一些情况中，当他不凡的理性处在迟疑的状态，拜此际对他说话的神圣声音之赐，他重新寻获安心。当这个声音被听闻到时，它总是告诉苏格拉底在某些行为上保持自制。在这个异常的性质中，本能的智慧永远只在与意识的知识唱反调的情况下才不时地现身。当在任何有生产力的人身上，本能是一种肯定及创造的力量、意识是一种批判及否定的力量，但在苏格拉底身上本能却变成批判的、意识变成创造的——这真是一种由于退缩而来的畸形……

苏格拉底这位柏拉图戏中的辩证主角，他以欧里庇得斯[1]的主角们为例来告诉我们，人必得通过正反面理由来为自己的行为辩护，但这么做却时常导致我们失去了悲剧的共情。因为，怎么会认不出来辩证当中透显出的乐观主义呢？对它而言，它的每一项结语都是胜利，除非在意识冰冰冷冷的明晰之中，否则它无法呼吸。这种乐观主义已经渗透到悲剧之中，注定会入侵酒神的领地，并导致它们自我摧毁，直到最终危险的一跃，坠入布尔乔亚的戏中。让我们看几个苏格拉底教诲的后果吧："德行即知识；人们出于无知才犯错；有德者是快乐的。"这种乐观主义的三种基本形式等于悲剧之死。因为，自此以后有德行的英雄都是辩证主义者；自此以后，在德行与知识、信仰与伦理之间有着一个必然且明确的关联；自此以后，埃斯库罗斯[2]的超

1. 欧里庇得斯（Euripide），公元前5世纪希腊悲剧作家，与埃斯库罗斯（Eschyle）、索福克勒斯（Sophocle）齐名，被视为古希腊悲剧三大家之一。——译者注
2. 埃斯库罗斯，公元前6—5世纪悲剧作家，古希腊悲剧三大家之一。——译者注

验正义将缩减成一种扁平的、失当的“诗的正义”[1]，并且总是伴随着天降之神（deus ex machina）[2]……

武装着三段论的鞭子，乐观的辩证法驱逐了悲剧音乐，亦即摧毁了悲剧的本质，它只能是酒神状态的一种象征性展现、一种象征性再现，它只能是音乐的一种可见化身，从酒神之醉中散发出来的梦之世界。

《悲剧的诞生》，13、14，珍娜维耶芙·毕安纪思译，N.R.F. 出版。

9. 狄奥尼索斯与基督：他们的矛盾（宗教）

两种类型：狄奥尼索斯与基督——决定宗教人（l'homme Religieux）这个类型是否为一种堕落的形式（伟大的创新者毫无例外都是病态的与激动的）；但在此不

1. “诗的正义”（justice poétique）可说明如下：“诗的正义”是17世纪后期英国批评家托马斯·赖默（Thomas Rymer）创造的一个文学理论术语或文学研究视角，意为诗歌、小说、戏剧等文学作品应该坚持“善有善报、恶有恶报”的因果报应原则，以实现“惩恶扬善”之道德目的。“诗的正义”概念中的“诗”实为“文学”（“诗的正义”实乃“文学的正义”），而“正义”主要指“善”或道德法则，即以“善”或道德法则的“正义”作为文学作品的最高价值标准。参见范永康：“诗的正义：一个亟须重建的文学研究视角”，《学术论坛》，2017年第4期。——译者注
2. 拉丁文成语，源自同义的古希腊成语，意指神明从舞台机关中现身，降临神旨或化解世间困局。相对于原本叙事，有如天外飞来一笔。——译者注

是忽略了宗教人的其中一种类型，即异教徒这一类型吗？异教信仰不是一种对生命认可、肯定生命的形式吗？它无上的代表其本人不该即是对生命的赞颂及神化吗？这个其精神幸福地展开、快乐地狂喜满溢的类型！一种吸收及弥补生命的矛盾与模糊的精神！

希腊人奉持的酒神的理想正是被我放在这个位置上：对整个生命的宗教性肯定，什么都没被否认、什么都没被剔除（请注意，在这当中，与性行为相伴随的是深度、神秘性及尊重）。

狄奥尼索斯反对“钉在十字架上的基督”：两者充满对比。二者间的不同，不在于他们殉教方面的差异，而是殉教意涵上的不同。在前者身上，这是生命本身、它永恒的生殖力及它永恒回归，这些导致了折磨、毁灭、虚无意志。在后者身上，痛苦、“无辜的钉在十字架上的基督”见证了对生命的反对及谴责。人们猜想这当中的问题出在生命意义的问题：基督教的意义或悲剧的意义？在第一种情况中，生命当是走向神圣之道路；在第二种情况中，存在本身就相当神圣，更且足以证成无边的痛苦。悲剧的人甚至肯定最严酷的痛苦，他是如此地强大、丰盈而能够神化存在；基督徒甚至否认世界上最快乐的命运；他可怜、虚弱、被剥夺，以至于受尽生命各种形式的痛苦。十字架上的神是生命的诅咒，是摆脱生命的警告；被分尸的狄奥尼索斯是对生命的许诺，他将永恒地再生，从分裂的深渊中返回。

1888年，《权力意志》，IV，464，珍娜维耶芙·毕安纪思译，N.R.F.出版。

10. 狄奥尼索斯与雅莉安：他们的互补性（酒神颂[1]）

……

唉！唉！
你折磨我，你这个疯子，
你折磨我的骄傲？
给我爱情吧——谁还能温暖我呢？

谁还爱我呢！——
给我一双温暖的手吧，
给我那暖炉般的心啊，
给我的、给最孤独的我的

1. 酒神颂（dithyrambe）是古希腊人纪念酒神狄奥尼索斯的抒情诗歌，最初是酒酣耳热下的即兴创作，并由一群装扮成萨堤尔的男人唱出，充满激昂与失序的热情。——译者注

却只有冰，唉！冰造成
对敌人多了七倍的迫不及待，
既使是敌人，还是等着
给我吧，是的，托付
你——给我吧，
你这个最残酷的敌人！……

已经离开了！他自己逃走了，
我唯一的伴侣，
我的伟大敌人，
我的陌生人，
我的神—刽子手！
不！
回归吧！
带着你所有的酷刑！
我的所有泪水
朝向你流去！
而我心中最后一道火焰——
为你燃起！
哦，回来吧，
我陌生的神！我的痛苦我最后的幸福？

（一道闪电，狄奥尼索斯在一种绿宝石般的美中出现。）

狄奥尼索斯：

谨慎点，雅莉安！……
你有小耳朵，你有我的耳朵
对它说一句明智之言！
首先别相互仇恨，假如人们应该相爱？……
我是你的迷宫……

1888年，《酒神颂》，改编自《查拉图斯特拉如是说》，第四卷，亨利·亚伯特译，Mercure de France 出版。

11. 狄奥尼索斯与查拉图斯特拉：他们的同源关系（考验）

因为我听到一阵窃窃私语无声地跟我说："你知道的，查拉图斯特拉。"

听到这窃窃私语让我害怕地叫了出来，脸色惨白，但我仍不发一语。

在我身上的某个东西再次地无声窃窃私语："你知道的，查拉图斯特拉，只是你不说。"

我终究开了口，如同逞一时之快："没错，我知道，就是不意欲说。”

“你不意欲。查拉图斯特拉？果真如此？别装出一副天不怕地不怕的样子。”

我竟然像个孩子抽噎了起来，身体颤抖着说：“唉呀！我很想，但怎么做呢？求你发发慈悲、高抬贵手吧！我实在是力有未逮。”

我再次听到这窃窃私语隐隐约约地说：“查拉图斯特拉，个人算什么呢？把身上的话说出来，然后粉身碎骨吧。”

我回答：“唉呀！这话语，它真的是我的吗？我是谁呢？我等待着一位够格的人到来，但让他把我粉身碎骨，我还不够格呢。”

这窃窃私语再次隐隐约约地说：“什么在等你有什么要紧呢？我认为你还不够谦卑。再没有比谦卑的外皮更坚韧的东西了。”

我回答：“我谦卑的外皮，还有什么是它还没忍受过的呢？我住在自己顶峰之山脚，我的群峰有多高呢？还没人可以告诉我。但是我对于自己的坑洞却很清楚。”

这窃窃私语再次隐隐约约地说：“哦，查拉图斯特拉啊，当我们为搬山移岭而生，我们便同样可以挪谷移豁。”

我反驳：“我的话语从未搬动过山，而我所说的话也还没对人造成什么影响，尽管我朝向人群走去，我还没成功地与他们合在一起。”

这窃窃私语再次隐隐约约地说：“你懂什么呢？露水在最静谧的夜里落在草上。”

我回答：“当我找到自己的道路并向前走着，人们便嘲笑我；我身躯下的双腿已经累得发抖。”

他们还跟我说：“你已经遗忘了道路，现在你又遗忘了行走。”

这窃窃私语再次隐隐约约地说：“他们的嘲讽算什么呢？你已经丢去了服从：现在你应当发号施令。

你不清楚这世界需要谁吗？它需要命令大事的人。

要成就大事是艰难的，但是最难的是命令大事。

这是你最不可原谅的缺点，你拥有权力却拒绝支配。”

我于是回答：“要发号施令，我需要有狮子的吼声。”

再一次地，这窃窃私语对我说：“极静之语带来风暴。白鸽脚上系着的思想带领世界。

哦，查拉图斯特拉，你化身为将至者的影子吧；如此你将发号施令，如主人般前行。”

于是我回答：“我真惭愧。”

然后我再次听到这窃窃私语无声地说：“你首先应当再变成孩子，甩掉这惭愧。

你身上还带着青春的骄傲，你的青春来得太迟了；但是要再变成孩子，你还需要先战胜青春。”

于是我陷入思索，全身发抖，最后我重复一开始已经说过的话：我不意欲。

一阵笑声围绕着我响起。噢！这笑声撕裂我脏腑，刺穿我的心。

这声音最后一次跟我说："哦，查拉图斯特拉，你的果子已经熟了，但你却还没有。

那么重回你的孤独，以便在此受苦磨炼吧。"

《查拉图斯特拉如是说》，第二部，"最寂静的时刻"，珍娜维耶芙·毕安纪思译，Aubier 出版。

三、力量与权力意志

“我们永远要反对弱者来捍卫强者。”（1888年）

12. 支持一种多元论

说到意志，哲学家总是把它说的好像是世界上最让人熟悉的东西；叔本华甚至说，意志是我们唯一真正熟悉的东西，彻底全然地熟悉，恰到刚好，既不多又不少。不过我总是认为，在这里如同在别处，叔本华所做的跟通常哲学家所做的其实没什么两样，他采纳了一种流行的偏见并将之扩展到极致的地步。在我看来，意志基本上是一种复杂的东西，一个虚有其名但缺乏统一性的东西，而流行的偏见就立足在这种名称上的单一性，并且蒙骗了总是欠缺谨慎态度的哲学家。因此，这一次我们要更加小心了，别再那么哲学家了。首先，在任何的意志里，都存在着感觉的多元性，我们意欲脱离的状态之感觉、我们意欲趋向的状态之感觉，以及这种“脱离”（à partir d'ici）、“趋向”（pour aller là-bas）的方向本身之感觉，以及最后一种附带而来的肌肉感，即便我们并未真的动手动脚，不过一旦我们感到“意欲”(vouloir)，它便不由自主地启动。其次，如同感觉，其总是复合的感觉，必然是意志的成分之一，意志当中也包含“思想”。在一切的意志行为当中，都存在着发号施令的思想。我们并不认为思想可以跟“意欲”分离，从而获得一种沉淀物还能被称得上是属于意志的。其三，意志不单单只是由感觉与思想所组成的复合物，而且还是、更根本上是一种感情状态，即我们前文提到过的发号施令之情绪。人们称之为“自由意志”(libre arbitre)的东西基本上是我们相对于臣服者所感受到的优越感。“我是自由的，要服从的是他”，这就是在意志（volition）的根本当中所存在的东西，此外还带着这种紧绷的注意力、这个定焦于单一事物上的直接注视、这种绝对的判断：“现在此为必要，其余皆非”，那种人们要遵循的内在确定性，以及一切与发号施令者之灵魂状态有关的东西。意欲就是在自身中对着臣服着的什么或者我们所认为臣服着的什么发号施令。但是我们现在来看意志，最为独特的本质，这个如此复杂但一般人却只能以单一名词来指称的东西：假如在一种特定情况下，我们既是发号施令者又是服从命令者，我们在服从的同时感受到被限制、被推促、被挤压着去反抗及挣脱的感受，这些紧紧跟随着意志而来的感受；但是当我们另一方面受到“我”这种综合概念的误导，而向来忽略这种二元论，并对我产生了错误的认知，其结果便是将一整套偏离事实的结论，以及自然而然地一整套关于意志本身的错误评价都加诸在意欲之上。以至于，意欲的人真诚地相信只需要意欲就能行动。如同，在大多数的情况中，人们仅限于意欲，同时束手等待着命令下达后的效果，也就是说服从及所设定的行为之完成，其显露出的外表就是行为应当必然地发生；简言之，“意欲”的人带着相当自信而认为，在某种意义上，意欲与行动就是同一回事。他将成功归功于意欲的执行或者意欲本身，这样的看法又在他身上强化了由于成功而带来的权力感。这个意欲的人、发号施令的人并与执行的人混为一谈、自认为是他的意志战胜了各种阻力因而尝到克服困难之痛快的人，“自由意志”就是他赋予这种复杂的愉快状态的名称。在意志的行为当中，因此在下命令的痛快当中再加上了成功执行命令的这种工具角色的痛快；在“意志”上头，再加上了一些“臣服的”意志、一些臣服、顺从的灵魂，我们的身体只是好几个灵魂所共有的集体建筑。我就是结果；此处所发生的是在整个幸福及组织良好的集体中所发生的；统治阶级将自己与集体的成功画上等号。在一切意欲当中，所涉及的只是在一个复杂的集体结构中发号施令及服从，如我所言，这个结构是由“许多的灵魂”所构成的；这是何以一个哲学家应该可以允许自己将意欲从伦理的角度来思考，而伦理则被构思为控制等级制度的科学，而生命诞生于其中。

《善恶的彼岸》，第一章，19，珍娜维耶芙·毕安纪思译，Aubier出版。

13. 两种力量类型：主动的与反动的

一个事物、一种习惯、一个器官的演变全然不是一种朝向特定目标的进展，更别说是一种有逻辑的并全然依据最少力量及投入原则来进行的发展，而是激烈程度不一、或多或少相互独立的征服现象相继不辍的过程，别忘了还有层出不穷的各种反抗，各种转变的尝试以便与抗拒、与反动相抗衡，以及与行动预期相反的幸运结局。假如形式是流动的，那么“意义”更是如此……我们若将任何有机体单独分开来看，其情况也是如此：每一次有机体整体只要出现了重要的成长，每一个器官的“意义”也会有所调整——在某些情况下，它们出现局部的衰退、缩减（例如借由中间项目的摧毁）可能是一种力量增长及向完善迈进的指标。我想说的是甚至局部无用的状态、衰弱、退化、意义与目的之丧失，一言以蔽之，死亡，这些也都属于一种真正的进展的条件：进展总是在意志的形式下、朝着权力更大的方向上呈现，并永远以牺牲许多较低权力的方式来达成……

我会提起历史方法上的这个重点，是因为它与主导的本能与时下流行的趋势相左，它们还偏好凑合用着绝对偶然、甚至是机械的荒谬性的想法，而不是采用在所有情况中起作用的权力意志理论。对任何发号施令者或意欲发号施令者的厌恶，这种民主派的特异体质，现代“仇权论”（Misarchisme moderne）[1]对可憎之事所用的可憎之字！……在今日一点一滴地渗透在表面上最精确、最客观的科学中。甚至对我而言，它已经主导了生理学及整个生物学，并造成负面影响，它让生理学及生物学遗漏了一项基本概念，就是主动的概念。在这种特异体质的压力之下，人们将“适应力”的概念推举出来，也就是次一级的主动，一种简单的“反动”，甚至以此界定了生命本身：对于外在情况，一种越来越有效的内在适应（斯宾塞[2]）。如此一来，人们便不明白生命的本质，即权力意志，并对于具有自发、攻击、征服、侵略、转换等性质的这一类力量之根本优势视而不见，正是这一类力量不停地给予生命新的注解及新的方向，而“适应”基本上是受它们所影响；如此，人们

1. misarchisme 一词由尼采提出，用以批判其时代的自由民主体制，视之为对权力意志的否定、虚无主义的表现。——译者注
2. 斯宾塞（Herbert Spencer，1820—1903），英国社会学家。他从演化的角度理解社会，提出“适者生存”的原理，被视为社会达尔文主义代表人物。——译者注

否认了有机体最高贵功能的主权，生命之意志便在这些功能中展现其主动性及形构性。

《论道德的谱系》，第二章，十二，亨利·亚伯特译，Mercure de France 出版。

14. 权力意志的两种性质：肯定与否定

我首先发现了真正的反论：退化的本能，它带着一种潜藏的恨意转身反对生命（基督教、叔本华的哲学、在某个意义上已经显现在柏拉图哲学中以及整个观念论，这些都是很典型的反论样式），以及一个至高肯定的说法，源自饱满及富饶，一种无保留的赞同，甚至是对痛苦的赞同、对过错的赞同、对存在所具有的一切疑问及不寻常之处的赞同。这种生命最终的及快乐的肯定、满溢及狂烈的肯定所回应的不仅是至高的理解力，更是最深层的悟性，那个真理及科学所肯定及以最严格的方式所支持的悟性。没有任何存在的应该被去除，没有什么是多余无用的。相对于退化本能给予并有权给予它们赞同的存在面向，这些受到基督徒及其他虚无主义者所拒绝的存在面向在价值等级上甚至是至高无上的。为了明白这一点，就需要有勇气，以及——作为具有勇气的一个前提——无比的力量；因为正是在勇气能够先冒险的情况下，根据相同程度的力量，我们才接近真理。对现实的认识、对现实的赞同，对于强者而言是一种必然，就像对弱者而言，面对着现实，弱者受到弱小、退缩及逃避的启发之下——“理想”是一种必然…….无法自由地认识谁意欲的人：退化者需要谎言，此乃它们的存在前提之一。

《瞧！这个人》，“悲剧的诞生”，二，亨利·亚伯特译，Mercure de France 出版。[1]

15. 反动的力量如何获胜：怨恨

当怨恨本身成为创造者生产出价值的时候，奴隶在伦理上的反叛便开始了：奴隶的怨恨。对他们而言，真正的反动，也就是相对于主动而言的反动，是受到禁止的，于是他们只能在想象上进行报复，否则他们无法找到补偿。当贵族伦理来自一种凯歌高奏的自我肯定，奴隶的伦理则从一开始就对着不属于它的伦理说“不”，对“异于”它的伦理说“不”，对它的“非我”说“不”：这个不就是奴隶伦理的创造行为。这种评价目光的反转——这观点必然

1. 此处对原法译本的最后一句话作了一点调整。——原注

地受到外在世界的启发而非立足于其自身——只属于怨恨：奴隶的伦理为了能够诞生，它永远需要、最优先需要的是一个对立的外在世界：套用生理学的话来说，它需要在外在的刺激下而行动；它的行动根本上是一种反动。

《论道德的谱系》，第一章，10，亨利·亚伯特译，Mercure de France 出版。

16. 续：愧疚或者转身反对自己

教士是改变怨恨导向的人。实际上，一切受苦的众生都本能地寻找令他受苦的原因；更特别地，教士在众生身上寻找着一个令他受苦的动因，或更正确地说一个责任因。简言之，就是无论其说辞为何，一个反对自己的生命，他可以实质上或象征地卸下他的激情；因为对受苦的生命而言，这么做便是减轻痛苦最上乘的尝试，我要说的是，它就是受苦生灵无意识地欲求的晕眩及麻痹以面对各种痛苦。在我看来，如此便是怨恨、报复以及一切相关事物唯一真正的生理因素，我要说的是，此乃为了与痛苦相抗衡便以激情为代价的自我麻痹的欲望……受苦的人具有令人敬畏的机敏本事，能够在痛苦的激情中找到一些托辞；他们在自己的疑虑当中玩味，并绞尽脑汁地想找出使他们自己受苦的那些明白的罪恶或过错；为了找到幽暗、神秘的东西，好让他们可以在痛苦的不信任中自我陶醉、在周遭恶意之毒药中麻醉自己，他们检视一切，直至他们过往及现在的最深处。他们粗暴地撕开最旧的伤痕，他们让早已愈合的伤疤再度淌血，他们把自己的亲朋好友都当成坏人。“我很痛苦：这一定是什么人造成的。”——所有的病态的虔诚信徒皆如此认为。当他们的牧羊人、禁欲的教士答复他们：“我的信徒啊，这是真的，有人该为此负责：但是你本身就是这一切的原因　你要为自己负责！”……这真是胆大包天、真是错得离谱！但是它至少达成了一个目标；如我所指出的，如此怨恨的导向就改变了。

《论道德的谱系》，第三章，15，亨利·亚伯特译，Mercure de France 出版。

17. 权力意志中虚无主义如何制胜

直到今日仍然压迫着人的诅咒是痛苦之无意义而不是痛苦本身，而禁欲的理想便赋予了痛苦一种意义！它是直到今日人类对痛苦所赋予的唯一意义。有意义总比没有好；从各种角度来看，禁欲理想都只不过是“有总比没有好”的最佳案例，仅有的权宜之计……无可否定，人们给予生命的诠释带来了一种新的、更深层的、更内在的、更让人窒息的、更致命的痛苦：它将所有的痛苦都看做是一个过错的惩罚……然而尽管如此，它为人带来拯救，人有了一种意义，他从此不再是风吹落的叶子，不再是无理性偶然的、“无意义”的玩具，他从此可以意欲什么。他意欲什么、为什么，以及为何是这个而不是那个，这些问题并不重要：最起码，意志本身被挽回了。此外，在禁欲的理想的引导之下，意志之本质及意义皆受到影响，对此我们不可能视而不见；这种对于人的恨，乃至于对“动物”之恨、对“物质”之恨；这种对于意义及理性本身的仇恨；这种对于幸福和美的害怕；这种想要逃离与表面、改变、生成、死亡、努力、欲望本身相关之一切的欲望——我们当敢于如此理解，这一切都意味着一种毁灭的意志，一种对生命的敌视，一种对于生命基本状态的拒绝；然而它至少是、永远是一种意志！……在最后我要再次重复我一开始说过的话：人宁可要有虚无的意志，也不要什么都不意欲……

《论道德的谱系》，第三章，28，亨利·亚伯特译，Mercure de France 出版。

四、从虚无主义到蜕变

"虚无主义被自己所击败。"(1887 年)

18. 神与虚无主义

人们称基督教为怜悯的宗教。怜悯与那些提高活力而使人奋发的情感相反：怜悯以抑郁的方式产生作用……它包容那些已熟将落的东西，它捍卫那些生命中要灭绝的、受到谴责的东西。由于它在生命中保留了许许多多各式各样失败的事物，它赋予生命本身一种幽暗、可疑的面貌。人们竟有勇气称怜悯为一种德行（在所有高贵的伦理中，怜悯被视为一项弱点）；而且还不仅止于此，人们将它等同于德行本身，所有德行的土地与源头。然而，永远不该忘记，这是从虚无主义哲学的角度来说的，在它的盾牌上刻着否定生命。叔本华说得很有道理：生命被怜悯所否定，怜悯让生命更该被否定，怜悯是虚无主义的实践。再说一次：这种抑郁及感染性的本能阻止了保存及提高生命价值的本能；它增加并保全了所有的不幸，它是助长衰败的主要工具之一——怜悯为虚无进行游说！……人们不说“虚无”：人们说“彼岸”；或说“上帝”；或说“真正的生命”；或者说涅槃、拯救、极乐……一旦我们明白包裹在这些崇高词藻中这种敌视生命的趋势，这种化入宗教及伦理特殊体质当中的纯真说辞就显得非常不纯真了……

基督教关于上帝的概念——上帝、病人的上帝（le Dieu de malades）、蜘蛛的上帝（Dieu l'araignée）、精神的上帝（Dieu l'esprit）是世界上所曾经有过最为腐败的神性概念之一；也许是位于神类向下发展的最低的水平上：神退化到与生命相矛盾的地步，而不是对生命的颂扬及永恒的肯定！以神之名，向生命、向自然、向生活的意志宣战！神，所有对于“此岸”加以诬蔑的说词，所有关于“彼岸”之欺骗的说词！这是被神化为神的虚无、被神圣化的虚无之意志！……

《敌基督》，七、十八，亨利·亚伯特译，Mercure de France 出版。

19. 关于“上帝之死”最早的一个版本

囚犯——早晨，囚犯到了劳动场：狱卒不在。一些囚犯随即如往常般地开始工作，其他的囚犯则无动于衷，以睥睨的眼神环视着。此时，他们当中的一人走出行列，高声地说："想干就干，或啥都别做，都没什么两样。你们的诡计已经被他识破了，狱卒比你们想象的更厉害，他会当着你们的面宣布可怕的判决。你们认识他吧，他很严厉又善于记仇。但注意听我接下来所说的话：到目前为止，你们都不认识我，我跟你们所看到的样子不同，更要紧的是，我是狱卒之子，他对我言听计从，我有本事救你们，我也想救你们。不过，当然啦，我只救你们当中相信我是狱卒之子的人，其余的人就尝尝不相信的恶果。"

"好！一阵沉默之后，一位年纪最大的囚犯说，我们相信你或不相信你，这对你有何重要呢？假如你的确是狱卒之子、假如你也可以说到做到、去说些好话为我们求情的话，你就是真的做了一件好事，不过把你所说的相信与不相信的事摆在一边儿吧！"

"我什么都不信，一位年轻的囚犯插嘴说。他想到了些什么。我打赌一周以后我们还会在这里活得好好的，就跟今天没什么两样，狱卒什么都不知道。"

"假如他真的发现了什么，他现在也什么都不清楚了，才刚踏进劳动场上的最后一位囚犯大声嚷着。因为狱卒刚才突然死了。"

"喂！一时之间好几个囚犯同声大叫着，喂！狱卒之子先生，狱卒之子先生！你的遗产在哪儿呢？搞不好现在我们是归给你的囚犯吧？”

“我已经跟你们说过，这位备受冷落的人不疾不徐地回答，每一个相信我的人，我将放他自由。这点我向你们保证，就像我保证我父亲还活着一样。”

囚犯收起笑容，但耸耸肩，走开，徒留他在此。

《浪迹者及其影子》，84，亨利·亚伯特译，Mercure de France 出版。

20. 上帝死了

“查拉图斯特拉，查拉图斯特拉，来猜猜我的谜题。说吧、你说吧：对目击者的报复是什么？

后退，请你后退一点，冰很滑。小心别让傲慢在此摔断了你的腿。

傲慢的查拉图斯特拉，你自以为很有智慧吗？那么就猜猜这个谜题，你这个最爱找麻烦的人。猜猜我是什么。说吧，我是谁？”

然而，当查拉图斯特拉听到这些话，你们认为他灵魂中一闪而过的是什么？怜悯向他袭来，他沉沉地倒下，有如抵抗众多伐木者良久的一株橡树，瞬间沉甸甸地倒下，甚至连那些想砍倒它的人也感到恐惧。但他马上站了起来，神色坚定。

“我认出你了，他以一种无情的声音说，你是杀死上帝的凶手。让我走吧。

你无法忍受他看到你，你的一切尽在他的眼下，无时无刻不看穿你，啊，最丑陋的人。你报复目击者。”

语毕，查拉图斯特拉想继续他的路途，但是莫名的存在拉住他的衣角，一边发出咕噜咕噜的声音，一边想着怎么说。“留步！它终于说话了。”

“留步！别走！我猜到是哪一把斧头把你砍倒了。但很不错，查拉图斯特拉，你又站起来了。

我知道，你能料想到杀死上帝的凶手应该会有什么感受。留步！在我旁边坐下，没什么好怕的。

除了走向你，我还想向谁那儿走去呢？留步！坐下。但别看我。也请你尊重——我的丑陋。

他们迫害我；你是我最后的庇护所。追讨我的并不是他们的憎恨，也不是他们的打手。哎呀！这类的追讨对我算不了什么，我并且还以此为荣、以此为乐。

成功不都总是归在受到严厉追讨的人这边吗？而且在追讨当中，人们学习跟随，因为人们亦步亦趋地跟着受他们所追讨的人而行。然而让我逃离的是他们的怜悯。

为了对抗怜悯，所以我才来请求你的庇护。哦，查拉图斯特拉保护我，你是我最后的庇护所，你是唯一猜出我的人！

……

不过你自己也是，当心你自己的怜悯。因为一大群人正四处寻找你，所有的受苦的人、怀疑的人、绝望的人、那些快要溺死的人、将被冻死的人。

我警告你也小心我。不知幸与不幸，你猜出了我这个谜题，你猜出了我是谁及我的所为。我知道可以砍倒你的斧头。

但是它非死不可。它的眼看尽一切，它看透人类，人类所有隐藏的羞愧与丑陋。

它的怜悯不知节制。它慢慢深入最污秽的角落，好奇心重、不知保留、怜悯成狂；它非死不可。

它不停地看着我；我只想报复这个目击者，或者但求一死。上帝看尽一切、甚至人，它非死不可。人无法忍受这样的目击者活着。”

最丑陋的人如是说……

《查拉图斯特拉如是说》，第四部，珍娜维耶芙·毕安纪思译，Aubier 出版。

21. 上帝死后，虚无主义还在

生成没有目标；生成并未受到任何伟大的统一性所引导，其中个体完全投身其中，就有如无上价值的一个成分一样。一旦这两项事实获得承认，那么就只剩下一种可能的脱身之道：谴责这整个生成的世界如同幻影，并发明出一个位于彼岸的世界，它是真实的世界。然而，打从人发现这个世界不过只是建立在他自己的心理需求上头，全然不具有值得信赖的基础，我们看到从中浮现出虚无主义最后的形式，它涉及对形而上世界的否定，禁止相信一个真实的世界。到了这个地步，人们承认生成的实在就是唯一的实在，人们禁止所有导引人们信仰别的世界及信仰伪神的歧路——但是人们无法忍受这个连否定之意志都已经不存在的世界……

因此，当中发生了什么呢？当人们明白，在其整体中，存在既无法借由“目的”的概念来获得解释，也无法借由“统一性”的概念来获得解释、此外“真理”的概念也不行，人们便达到了存在无价值的感觉。如此，人通向无处、人没有什么可以达到；在生成的多元性中不存在整体的统一性：存在的特性不是为“真”而是为伪……人们没有任何理由认为存在着一个真的世界……总之，透过“目的”“统一性”“存有”范畴，我们将价值赋予世界，现在

我们将它们从世界中移除——世界丧失了所有价值……[1]

1887年,《权力意志》，第三卷，111，珍娜维耶芙·毕安纪思译，Aubier出版。

22. 等待的必要

疯子——你们没有听说这个疯子大白天打着一只灯笼，在广场上跑来跑去，不停地大声喊叫：“我找上帝！我找上帝！”不过因为众人多半不信上帝，所以他的叫声引来群众大笑。他跟小孩一样迷糊了吗？假装的吗？他怕我们吗？他搭船来的吗？他从外地来的吗？他们如此又叫嚣又嘲笑。疯子从他们中间跳了出来，看着他们：“上帝去哪儿了？他大叫，我马上告诉你们。我们把它杀了……你们和我！就是我们，我们全都是杀死上帝的凶手！但是，我们是怎么做的？我们怎么能够把海水掏干？谁给了我们一块海绵拭去了地平线？当我们把地球与太阳系在一起的链条解开了，我们究竟做了什么？地球现在要去哪儿？我们

1. 这段文字摘要说明了尼采眼下的整个虚无主义历史，并且描述了虚无主义最后的形式：查拉图斯特拉称此为“最后的人”(序言，五；参考第二卷，“预言者”)。我们别把“最后的人”与下一个形式“寻死的人”混为一谈，“寻死的人”已然标志着走出虚无主义之后的人了。此方面参见本书“尼采文摘”23。——原注

自己要去哪儿？远离所有的太阳吗？我们不会无休止地坠落？向前、向后、侧边、所有的侧边？一个在上、一个在下，还是这样吗？我们是不是在无垠的虚无当中流浪？我们没察觉到吹拂在脸上的虚空之气吗？不是更冷了吗？到来的不总是夜晚、越来越多的夜晚吗？不是应该一早就开始点起灯笼吗？我们还是没听到埋葬上帝的掘墓者所发出的声响吗？对于神性的腐败，我们还是一无所感吗？……诸神也腐败着！上帝死了！上帝仍然死了！我们是杀死上帝的人！我们如何获得安慰，凶手当中的凶手！直至今日，世界所能够拥有的最神圣的、威力最强的东西在我们的刀下淌血；……谁能为我们洗去这一身血腥呢？怎样的水可以让我们洗净？什么样的赎罪方式、什么样的神圣仪式是我们必需要发明出来的呢？这件事的重大程度对我们来说太过重大了，以至于难道我们不该把自己变成神、单单只是为了让自己能够有点匹配得上的样子吗？再也没有比这更伟大的举动了，无论拿什么相较皆是如此。由于这个举动，在我们之后出生的人都归属于一段前所未有、更高的历史！”

说完这几句话，这个疯子就缄默起来，再一次地注视着他的听众：他们也跟他一样不说话，惊讶地看着他。最后，他把灯笼甩到地上，灯笼四分五裂，灯火也熄灭。“我到得太早”，这时他说，“我的时代还没到来。这件极其严重的大事也还在半路上，它走着，但还没传到人的耳里。需要闪电及打雷的时间，需要星球光照的时间，需要行动的时间，即便行动已经完成，也需要被看到和听到的时间。对他们而言，这个行动比最遥远的星座都还要遥远；然而这个行动却是在他们的手中完成！”

人们还说到这个疯子同一天去了好几间教堂，到处高唱上帝啊，愿你的灵魂安息，并屡屡被逐出教堂，受到盘问，他每次都给出同样的回答：“除了是上帝的坟墓及葬礼纪念碑，教堂还能是什么？”

《快乐的科学》，第三卷，125，亚历山大·维亚拉特译，N.R.F. 出版。

23. 趋近于蜕变

人之伟大在于他是桥而不是界标；人之可爱在于他是过渡及灭亡。

我喜爱那些以死而生的人，因为人在置之死地中超越。

我喜爱那些身上装满了极大蔑视的人，因为他们怀抱着至高的尊敬，他们是紧绷的欲望射向另一头的箭。

我喜爱那些人，他们毋须越过星斗去寻找令其赴死及献身的理由，只在大地上自我牺牲，为了大地有一日能成为超人之国度。

我喜爱那些只为知道而活的人，他意欲知道是为了让超人有一天能活。因此，他以其方式意欲自己的灭亡。

我喜爱那些为了有朝一日能替超人建立居所，并且为了他的到来而整理土地、动物及植物、而工作及发明的人；因此，他以他的方式意欲自己的灭亡。

我喜爱那个爱其德行之人；因为德行就是死之意志及无尽欲望之箭。

我喜爱那个对其精神丝毫不予以保留的人，他只是自己德性之精髓；他就在淬炼过的精神之状态下越过了桥。

我喜爱那个以其德行为倾向及其命运的人；因此为了德行之爱，他同时意欲活着与不再活着。

我喜爱那个一点也不意欲有太多德行的人。一种德行胜于两种，这是更有力的结，命运依附之。

我喜爱那个有着爱挥霍的灵魂、拒绝一切感谢并不求回报的人；因为他不停给予，却绝不为自己保留什么。

我喜爱那个掷出一把好骰子总是感到羞愧的人，此时他自忖："我是个骗子吗？"因为他的意志是死之意志。

我喜爱那个在其行动前散播出一番美好话语的人，他信守的总是多于承诺的；因为他的意志是死之意志。

我喜爱那个人，他事先替未来的人辩护而释放过去的人；因为他的意志是今日之人去死的意志。

我喜爱那个因为他爱他的神而惩罚它的人；因为他在他的神之愤怒中死去。

我喜爱那个人，他的灵魂很深沉，深至他的伤痕里，他可以只因任何无意义的事故而死；因为他自愿过桥。

我喜爱那个灵魂饱满，乃至于失去了自我意识、并将一切扛在身上的人；因此是所有事情的总体导致了他的死亡。

我喜爱那个怀有自由精神、自由之心的人；因此，他的头仅仅是他心灵的内脏，但他的心灵将他推向死亡。

我喜爱那些像是从笼罩在人类头顶上的乌云里头一滴一滴落下的沉沉雨滴；他们宣告闪电将至，他们以作为如此的宣告者而死。

我是雷的宣告者，我是从乌云上落下的沉沉雨滴；但是这个雷，它就是超人。

《查拉图斯特拉如是说》，“序言”，四，珍娜维耶芙·毕安纪思译，Aubier 出版。

24. 蜕变：否定是为了更高的肯定

关于查拉图斯特拉这个人物的心理问题，可以通过下述的方式说明：面对着至今仍受肯定的一切，一个坚持最高否定的人、一个以否定来行动的人，如何还能同时是最轻盈、最遥远的——查拉图斯特拉是舞者；一个对实在进行最严格、最可怕检验的人、一个想象着“最深刻观念”的人，如何没有因此反对存在、甚至是对于存在的永恒回归也不反对，甚至找到对一切事物的永恒的肯定作为是他本身的理由，“大量、无休止地说是及阿门”……“在所有的深渊里头，我带着我的肯定，它祝福……”不过，我再说一次，这也就是狄奥尼索斯这个概念本身要说的。

《瞧！这个人》，“查拉图斯特拉如是说”，六，亨利·亚伯特译，Mercure de France 出版。

25. 权力意志的肯定性本质

控制欲（Besoin de dominer）：是留给铁石心肠之人的滚烫权杖；是留给最残酷者的残忍殉教；是活人噼啪作响的柴堆中冒出的黑暗火焰。

控制欲：是吸附在最骄傲的民族身上的嗜血牛虻；是对不坚定的德行的辱骂；是跨坐在所有马鞍之上、所有骄傲之上的骑兵。

控制欲：是打破及粉碎空心的或受虫蛀蚀的一切的地震：是将惺惺作态的伪君子轰隆隆席卷而去并施以惩罚的

毁灭性崩塌；是在未成熟的答复旁质问的闪电。

控制欲：在其俾倪之下，人匍匐而行，变得更低下、更卑屈，比蛇或猪还不如——这正是巨大蔑视之狂嚎在他身上苏醒的时候。

控制欲：巨大蔑视的主人令人畏惧，他到城市、到王国公开地宣扬：“（你们）消失吧！”，直到他们之中冒出一个声音：“（我们）消失吧！”

控制欲：带着你所有的魅力，你也过来寻找那纯洁的与那孤独的东西，你登上了其自身具足的高处，你炽热的有如一股爱在地平线上画了迷人的风景以及染得又红又紫的至福。

控制欲：但是怎么称这种俯首于权力的伟大为欲望呢？实际上，在这一类的欲望中、在这一类的俯首中没什么病态的、没什么贪婪的。

愿孤独的伟大不想要永恒地处于孤独中以自满，愿山俯身向谷，愿高处的风吹向低洼。

哦！谁能说出真正的名字、这个足以符合此种渴望的德行的名字呢？施予的德行，这就是一日查拉图斯特拉给这个难以名之的感觉的名字。

《查拉图斯特拉如是说》，第三部，珍娜维耶芙·毕安纪思译，Aubier出版。

五、永恒回归

“我现在要讲查拉图斯特拉的故事。这个作品的基本概念是永恒回归的想法，肯定之至高表述方式。”

——《瞧！这个人》

26. 权力意志与永恒回归

意欲（le vouloir），这就是救赎者的名字、快乐使者的名字；朋友们，这方面，我曾经教过你们。不过，现在请你们再记得一点：意志本身是受到束缚的。

意欲即解放。但如何称呼这个将解放者囚禁起来的东西呢？

“这属于过去，这是一件事实。”——这句话让处在孤独无助之中的意志满是懊悔与痛苦。无能对抗成为过去的一切，它怀着敌意看着整个过去。

意欲对于其身后的一切无能为力。它无法摧毁时间，也没有办法摧毁时间吞噬一切的贪婪，这就是意欲最孤独无助的不幸。

意欲即解放；意欲会发明什么来跨过它的不幸、来无视它的牢笼呢？

哎呀！所有的囚犯都变成疯子！受到束缚的意欲也疯

狂地想办法挣脱。

时间无法倒退，这正是它的不满。“既成事实”是它动不了的石块。如此，它缠绕起一团又一团的怨气与怒意，报复着任何不像它感受到怨气与怒意的东西。

如此，带来解放的意欲把自己搞成恶者，它对能感受到痛苦的一切东西进行报复，只因为时间不能倒退。

因为这就是报复的本来面貌；意欲对于时间及一去不返的过去之怨恨。实际上，我们的意欲中存在着一种很大的疯狂。这种疯狂学着把自己变成精神，对所有的人类而言，这是一种诅咒。

报复的精神，哦，朋友们，这是直至今日人类身上所拥有的最高级的反思形式；痛苦存在之处，人们便要求这痛苦是惩罚。惩罚 这就是报复给自己的名字，这是个骗人的字眼，让报复得以假装好。

因为在意欲身上有着痛苦，因为它无法回到过去，便需要意欲本身及整个生命都像是一种惩罚。

从此，一层又一层的乌云积聚在精神上，直到有一天疯狂终于开始宣扬，它说：“一切都正在过去中，因此一切都值得过去。这个强迫时间吞噬自己小孩的时间法则就是正义本身。”——疯狂如是宣扬。

“一切事物都按照一种合法性及惩罚的伦理秩序来规

约。我们如何从存在所是的无休止的事物及惩罚之流中脱身？”——疯狂如是宣扬。

“假如存在一个永恒的法律，那么就有了救赎吗？唉！没有任何人可以转动得了‘既成事实’这块石头；一切的苦难必然地是永恒的。”——疯狂如是宣扬。

“没有任何行动可以被抹除。惩罚如何能将之去除呢？这确实是存在所是的这个惩罚的永恒性质；存在只能是一个由行为及错误所组成的永恒序列。除非意欲能挣脱，除非意欲变成不意欲”——但是你们知道吗，我的兄弟，这是重弹不讲道理的老调。现在我让你们摆脱这种老调，我教你们：意欲就是创造者。

过往的一切如今都只是片断、谜及可怕的偶然，直到意欲这个创造宣称：“但是我过往如此意欲它。”

直到意欲这个创造者宣称：“但是我现在如此意欲它。而我未来将如此意欲它。”

但是它曾经说过这些话吗？而且未来它什么时候会说呢？意欲已经卸下了它自己疯狂的这一身盔甲了吗？

意欲已经变成自己的救赎者、快乐使者了吗？它已经忘记了曾经学会的报复精神及所有咬牙切齿之恨吗？

因此，是谁教导它与时间和解并且做到比和解更高的东西的呢？意欲就是权力意欲，它应该意欲的东西超越了任何和解——但是它怎么办到的？是谁教导它甚至意欲一切过往所是之回归呢？

《查拉图斯特拉如是说》，第二部，珍娜维耶芙·毕安纪思译，Aubier 出版。

27. 永恒回归为什么让人恐惧

我被绑缚在十字架上，这并不是因为我知道人是恶的，而是因为我宣扬了人所未曾宣扬过的东西：

唉！人最糟的事仍旧是那么微不足道！唉！人最好的事仍旧那么微不足道！

我对人的厌恶——它滑进我的喉咙，然后让我窒息；而这先知的话："一切都一样，一切都不值得，知识让我们窒息。"

漫长的黄昏在我面前举步维艰，一股忧愁让人烦死、醉死，边打哈欠边说。"他会永远回返，那个你所厌倦的人，平庸的人"——打着哈欠，我的忧愁如是说，拖着沉甸甸的脚步，无法入睡。

我看到人类之地变得空洞，它的胸膛陷落，一切活着的东西在我眼里有如人类的腐败物，带着一副骨骸及遭受虫蛀的过往。

我的叹息停驻在所有人类的坟上，再也无法离开。我的呻吟及我的质疑无止息如蛙鸣般地呱呱作响、窒息我、啃食我及日夜悲叹：

“唉！人永恒回返！平庸的人永恒回返！”

不久前，我才看到他们两人赤身裸体，那最伟大的人及最渺小的人，他们太像了，最伟大的人还太过于人的，最伟大的人还太过于渺小了！这就是人让我感到恶心之处、这就是最渺小的人的永恒回归让我感到恶心之处。这就是整个存在让我感到恶心之处。

啊！恶心，恶心，恶心啊！——叹息着、颤抖着的查拉图斯特拉如是说；因为从人的身上，他回想起他的病。

《查拉图斯特拉如是说》，第三部，“康复之人”，珍娜维耶芙·毕安纪思译，Aubier 出版。

28. 被超越的恐惧：作为选择性思想的永恒回归

“然而，如果一切都已经被决定了，我如何能安排自己的行为？”思想及信仰沉甸甸地压在你身上，较诸其他重量有过之而无不及。你说食物、地点、空气、社会改变了你，限定了你？那么，你的意见所产生的作用更大，因为是它们决定你关于你的食物、居所、空气、社会的选择。假如，在所有思想中，你吸收了这个思想，它将会改变你。

假如，在一切你所意欲去做的事情中，你从问问自己开始："我意欲无穷次地做它，确定吗？"这将是对你而言最为坚固的重心。

（……）我的道理传授："活着，以你该希望再活着的方式活着，这是本分——因为无论如何你都会再活着！视努力为至高无上快乐的人，他尽全力！在任何休息前先爱的人，他休息！在任何臣服、遵从及追随之前先爱的人，他服从！不过他很清楚他偏好什么，他在任何手段前绝不退缩！他来自永恒！"

这个道理对不相信它的人是温和的；它既无地狱亦无威胁。不信它的人只觉得自己是一个来去匆匆的生命。

1881年，《权力意志》，第四卷，242—244，珍娜维耶芙·毕安纪思译，N.R.F.出版。

29. 被超越的恐惧：作为选择性存有的永恒回归

（1）

如果我是先知，满怀着这先知的精神，在两片海之间的高耸山脊上流浪，

有如一片沉重的乌云，在过去与未来之间来来去去，是沉闷窒息的低谷、所有非死非生疲惫存有之敌人，一片

永远准备好要从其幽暗心底释放出闪电、解放的雷，说是的雷，它的笑容说是，先知的闪电，（然而，无论是谁在其胸怀中带着如此的雷都幸福呢，因为事实上他当天长地久地悬浮着，就如同一片飘在山侧的暴风雨厚云，他注定要燃起未来的火炬。）

——啊！我如何不会燃起永恒之欲望呢！一切指戒中的指戒（l'anneau des anneaux）的欲望、这个永恒回归的婚戒呢！

我还没有遇到我意欲跟她一同孕育孩子的女人，除了我爱的这个女人，因为我爱你，永恒！

因为我爱你，永恒！

（2）

如果我的愤怒曾破坏了坟墓、搬移了界碑，让古老石碑滚落深渊而碎裂，

如果我的嘲讽曾刮起了一阵强风把腐朽的话语都吹散，如果我曾是一把扫帚驱赶了扛十字架的蜘蛛、曾是一阵风在密不透风的古老坟墓中吹入气息，

如果我曾以胜利之姿端踞在死去诸神的陵寝上，并在这些过往毁谤这世界的诸神纪念碑旁祝福这个世界、爱这个世界，

只因我爱直到爱这些教堂及诸神之墓，只要天空能以

其纯净的目光穿越它们残破的屋顶而倾注下来；就像蔓草与丽春花一样，我也爱栖息在颓圮的教堂里——

啊！我如何不会燃起永恒之欲望呢！一切指戒中的指戒的欲望、这个永恒回归的婚戒呢！

我还没有遇到我意欲跟她一同孕育孩子的女人，除了我爱的这个女人，因为我爱你，永恒！

因为我爱你，永恒！

（3）

如果我曾经感受到这股创造者精神之气息、这股让一切偶然跳起众星圆舞曲的宇宙必然性的气息的话，

如果我曾经笑如创造者闪电之笑，漫长的行动之雷追随着它，隆隆作响但又顺从，

如果我曾经在大地的神桌上跟众神们掷骰子，以至于让大地震荡、崩裂并喷出烈焰的激流，

——只因为大地是众神的桌子，当革新的、创造性的话语回荡不已，而众神掷起骰子，它便震动；——

啊！我如何不会燃起永恒之欲望呢！一切指戒中的指戒的欲望、这个永恒回归的婚戒呢！

我还没有遇到我意欲跟她一同孕育孩子的女人，除了我爱的这个女人，因为我爱你，永恒！

因为我爱你，永恒！（……）

《查拉图斯特拉如是说》，第三部，“七印”[1]，珍娜维耶芙·毕安纪思译，Aubier 出版。

30. 双重的肯定

（……）
存有之至高无上的星宿！
永恒视野之指引台！
是你朝我这边走来吗？——
无人目睹，你无声的美。——
在我的目光下，这美怎么没逃呢？
必然之标记！
永恒视野之指引碑！
——然而你很明白：
所有人憎恶，
唯有我爱，
你很明白你是永恒的！
你很明白你是必然的！
我的爱不会永恒地燃烧，若非必然。

1.“七印”语出《新约·启示录》。——译者注必然之标记！
存有之至高无上的星宿
——没有任何愿望能够搆得着，
没有任何否定能够玷污，
存有之永恒肯定，
我永恒地是你的肯定：
因为我爱你，永恒！——

1888年，《酒神颂》，亨利·亚伯特译，Mercure de France出版。

31. 超人

我来教你们超越人。人的存在，只是为了被超越。你们做了什么来超越人呢？

直到今日，一切存在都创造了超越它们自身的东西，你们想要成为这个巨大潮汐的退潮、退回到牲畜而不是超越人类吗？

对于人而言，猿猴是什么呢？是嘲讽或痛苦的耻辱。对于超人而言，人也是如此，是嘲讽或痛苦的耻辱。

你们走过了从蠕虫到人的路途，你们身上还有很高的蠕虫成分。过往你们曾经是猿猴，甚至现在比起任何的猿猴，人都还要像猿猴。

甚至你们当中最有智慧的人也不过是混种及不协调的东西，半植物、半幽灵。我说你们是幽灵还是植物呢？

现在我教你们超越人。

超人是大地的方向。愿你们的意志说：超人可以成为大地的方向！

我请求你们，我的兄弟啊，继续忠于大地，别相信那些跟你们说超越世间希望的人。无论是否自知，这尽是些蛊惑者。

这尽是些生命的蔑视者、垂死之人、中毒的人，他们的大地疲累不已：因此愿他们死去！

过往，毁谤神为最严重的毁谤。但神死了，毁谤者也随之而死。今后，最可怕的罪就是毁谤大地、赋予高深莫测之深处的价值多过于大地的方向……

《查拉图斯特拉如是说》，前言，三，珍娜维耶芙·毕安纪思译，Aubier 出版。

32. 超人的意涵

例如，“超人”此字指一种绝对完美的类型，相对于

“现代”人、“好”人，相对于基督徒及其他的虚无主义者。当它从道德毁坏者查拉图斯特拉口中说出，此字具有丰富的意涵，值得思索一番。几乎各处可见，人们看似出于无辜地赋予此字一种意涵，这与查拉图斯特拉这个人物所肯定的价值绝然相矛盾，我要说的是人们把它搞成“观念论的”类型的高等人，半“圣人”、半“天才”……因为这个字，其他顶着学识的犄角之徒以达尔文主义来质疑我，甚至有人想从中发现卡莱尔[1]的“英雄崇拜”，这位无意识的伟大伪钞制造者，这个崇拜我曾以揶揄的方式予以驳斥。当我在某人的耳边低声地说，与其问帕西法尔，还不如去问恺撒·波吉亚[2]，他不相信耳朵所听到的。

……

你们看啊，查拉图斯特拉从山上下来，为了告诉每个人至善之事！你们看啊，他伸出多么细致温柔的一只手，甚至碰触了他的敌人及教士，他因他们而受苦，与他们一

1. 托马斯·卡莱尔（Thomas Carlyle，1795—1881），苏格兰社会评论家、讽刺作家、史学家、数学家。在《英雄与英雄崇拜》（*On Heroes, Hero-Worship, and The Heroic in History*）中，他主张伟大人物的行为在历史当中扮演着关键的角色，并认为世界历史只不过是伟人的传记。
2. 恺撒·波吉亚 César Borgia，1475—1507），意大利文艺复兴时期封建领主、教皇亚历山大六世（Alexander Ⅵ）之子。马基维利在《君主论》中多次提及他，恺撒·波吉亚被认为就是马基雅维利写作时所参照的人物模板。帕西法尔是瓦格纳歌剧作品《帕西法尔》的主角，故事取材自中世纪的圣杯传说，诉说着人通过重重考验而成圣的过程，充满了基督教的价值观。——译者注

起受苦——在此处，在每一分钟里，人被超越，“超人”的观念成为最高的实在。在无穷远之处，一切在人身上至今为止被称作伟大的东西都在他之下。如同带来好兆头的翠鸟[1]、轻盈的双足、凶恶及猛烈并存，此外尚有查拉图斯特拉这个人物中的典型之处，从来未曾被当成伟大的本直的属性而梦想过。在空间的范围中、在对矛盾事物的接近性中，查拉图斯特拉清楚知道自己属于一切存在者的至高种类……

《瞧！这个人》，分别参见“何以我写出了如此的好书”，一；《查拉图斯特拉如是说》，六，亨利·亚伯特译，Mercure de France 出版。

1. 翠鸟（alcyon）是神话故事中的海鸟，被古希腊人及诗人认为是一种乐观的征兆，因为根据传说，它只在平静的海面上筑巢，象征着远离灾难。——译者注

结论：论疯狂

“有时疯狂本身也是一道面具，掩饰着一个无可避免又太过清楚的认识。”

——《善恶的彼岸》

“说到底，我比较喜欢自己是一位巴塞尔的教授而胜于是神，但是我不敢将我个人的私心放得太大，而放弃了世界的创造。你们看，做些牺牲是有必要的，在我们所生活的地方，以及在某种方式下，我们活着就是为了牺牲……令人感到恼怒的、令我的谦逊感到不舒服的，说到底，就是大写的历史的每个名字是我。至于我诞生于世的这些小孩，情况就是，我带着怀疑而自问，是否所有进入神之王国的人并不是也来自神。这个秋天，我并不惊叹于参加了两次我的葬礼，首先是身如罗比兰特伯爵[1]（的丧礼）（不！他是我的儿子，我怎么没有忠于自己，我是卡罗·阿贝托[2]）；不过安东奈利[3]（的丧礼），我自己就曾是他了……”

——《致布克哈特[4]的信》，1889年1月6日

1. 罗比兰特伯爵（Comte Robilant），本名卡罗·尼可力斯（Carlo Felice Nicolis，1826—1888），意大利将军、外交官、政治人物。——译者注
2. 卡罗·阿贝托（Alberto di Savoia，1798—1849），出身萨瓦家族（Maison de Savoie）的意大利贵族，是萨丁尼国王、萨瓦公爵、热内亚公爵等，意大利统一后第一任国王伊曼纽二世之父。他并非罗比兰特伯爵之父，但与其母有染。——译者注
3. 安东奈利（Alessandro Antonelli，1798—1888），意大利建筑师，1888年死于都灵，尼采曾目睹其葬礼。——译者注
4. 雅各·布克哈特 Jacob Burckhardt，1818—1897），瑞士艺术史家、历史哲学家，著名的意大利文艺复兴时期艺术研究者。——译者注

33. 疯狂与诸神

希腊人长期仰仗诸神来面对一切由“怨恨”所造成的退却，以便能在与他们灵魂之自由相安无事的情况下仍可保有享受的权利：因此，这与基督教神的观念正好相反。他们在这条路上走得很远，这些在狮子心中优秀的超龄孩子；甚至，有的时候，在荷马笔下极具权威的宙斯会让他们明白做得太过分了。这奇怪了，有一次它说——这个情况与埃吉斯特[1]有关，一个颇棘手的状况，

这奇怪了，看到那些必死之人埋怨着诸神！

一切的恶都来自我们，听听他们说的！然而，不也来自他们，

由于他们的疯狂，创造了他们自己的不幸，无论命运如何。

1. 埃吉斯特（égisthe），希腊神话中的人物，其父为迈锡尼国王，为乱伦所生，后弑其养父及异父兄弟，自己又为侄子所杀。——译者注

不过人们听到、人们注意到这位旁观者、这位奥林匹亚的裁判者远远没有因此而责怪他们、远远没有抱怨他们："他们很疯狂！"——面对着这些必死之人的为非作歹，他如此思考——"疯狂""失去理性"、有点"头脑不清"。这也是那些生活在最兴盛、最勇敢时期的希腊人所接受的，以此解释许许多多令人恼怒及不幸之事的源头：——疯狂，而非罪恶！你们明白了吗？……再则，这种头脑不清的事，对他们而言也成为一个问题——"这种头脑不清如何可能呢？我们这些有着高贵出身的人，我们这些幸福、一路顺遂、出类拔萃、来自高水平社会并具有德行的人，这种头脑不清的事怎么会发生在我们这样的脑袋里呢？"——这便是在几个世纪间高贵的希腊人"对自己"所提出的问题。面对一切在他们眼中难以理解的犯罪或暴行，但是他们当中的一个人却被玷污了。"这应当是神蒙蔽了他"，希腊人最终一边摇着头一边这么认为……在希腊人身上，这样的借口很典型……这就是运用诸神在某种程度上为人类进行辩解的方法，甚至用在他们的不良行为上。诸神被用来诠释恶的原因——在这时期，诸神所扛起来的不是惩罚而是更为高尚的过失……

《论道德的谱系》，第二章，23，亨利·亚伯特译，Mercure de France 出版。

34. 疯狂的功能

疯狂为新观念开路，打破习俗及迷信的束缚，几乎到处皆是如此。你们明白为什么需要求助于疯狂吗？是因为在声音上及状态上需要某种跟暴风及大海恶魔般的善变同样可怕又无法计算的东西，因此基于同一个理由，也就是需要某种值得让人害怕及尊重的东西吗？是因为需要某种跟癫痫痉挛及口吐白沫一样带着一种绝对非自愿表现的明显迹象？是因为需要某种东西出现并将某个神之标记印在是神的面具及发言人的疯子身上？是因为需要某种东西引发对新观念的宣扬者产生尊崇及畏惧，而不再是内疚，这甚至也以宣扬者自己为对象，这并促使他成为新观念的先知及殉教者？——当今日人们告诉我们天才拥有疯狂的种子而非聪颖（un grain de bon sens），过往的人则更接近这样的看法，即认为疯狂总是兼具天才及智慧的种子——某种"神性"的东西，如同我们喃喃自语。或者毋宁是他们更清楚予以表达的："借由疯狂，至善便在希腊扩展"，柏拉图说出了整个古代人的看法。让我们再向前迈进一步：对这些不可避免地被推向打破伦理的桎梏、宣布新法则的高等的人而言，当他们不是真的疯子，那么只剩下一件该做的事，就是变成疯子或假装疯狂（……）。

"当我们并不疯、当我们没有勇气装疯，那么我们要怎样变成疯子?”几乎所有古代文明的伟大人物都致力于这种恐怖的思索;在这方面,一套包含各种伪装手法及饮食指南的秘密学说留存下来,同时也留存了一种纯真感、甚至一种怀有如此意图及梦想的神圣感。要成为印第安人的医生、中世纪基督徒的圣人、格陵兰人的巫医、巴西人的巫师[1]的方法大体一样:激烈的断食、禁欲、隐居沙漠或山林、或是住在柱子顶端、再或是“居住在湖畔一株老柳树上”,以及奉行除了力求超脱及精神失序之外心无旁骛。因此,在过往,谁敢朝着道德焦虑之地狱中瞧上一眼呢?这个最苦涩、最无用、很可能耗尽所有时代一切最优秀人士之所在!未来谁敢听闻孤独者及失常者的叹息呢:“啊!神圣的力量,请赐予我疯狂吧!这个让我总算可以相信自己的疯狂!那么赐予我妄想及痉挛、几个小时突如其来的清醒与黑暗吧,使出一切必死之人未曾感受过的寒颤与灼热来惊吓我吧,用爆裂声及幽灵来包围住我吧!让我吼叫、哀号、像婴儿般地爬行:让我获得自信吧!怀疑吞噬了我,我杀死了律法,律法的恐怖对我而言就像死尸的恐怖对活人一样;如果不高过于律法,我是受排斥的人当中最受排斥的人。存在于我身上的新精神如果不是从你们哪里来的

1. 格陵兰人的巫医(anguécoque)是依努特人的传统医生,相信神奇的治疗力量。巴西人的巫师(Paje)即为原住民部落中的萨满(shaman)。——译者注

话，那么它从何处而来呢？因此向我表明我属于你们！只有疯狂对我提出这样的证明。”这股热切太常达到其目标了：在基督教为了能够在最大的程度上展现其活力、它相信如此便能获得自身的肯定而大量增加其圣徒及隐士的时代里，在耶路撒冷，有着几所收容精神失常者的大型机构，接纳这些没能过关的圣徒、这些已然奉献出他们最后一颗理性种子的人。

《朝霞》，第一卷，14，亨利·亚伯特译，Mercure de France 出版。

参考书目

法文参考文献：

Charles ANDLER, *Nietzsche, sa vie, sa pensée*, 6 vol., 1920—1931, éd. Bossard, puis N.R.F.

近期法文参考文献：

Jean WAHL, *L'avant-dernière pensée de Nietzsche*, C.D.U., 1961.

Henri BIRAULT, "En quoi nous sommes, nous aussi, encore pieux" , *Revue de Métaphysique et de Morale*, 1962, n° 1.

—" Nietzsche et le pari de Pascal" , Archivio di Filoso_x001D_a, 1962, n° 3.

Gilles DELEUZE, *Nietzsche et la philosophie*, Presses Universitaires de France, 4e éd., 1974.

Édouard GAEDE, *Nietzsche et Valéry*, N.R.F., 1962.

Pierre KLOSSOWSKI, *Un si funeste désir*, N.R.F., 1963.

Jean GRANIER, *Le problème de la vérité dans la philosophie de Nietzsche*, éd. du Seuil, 1966.

—*Nietzsche. Vie et vérité*, Presses Universitaires de France, 1971.

主要德文参考文献：

Karl LÖWITH, *Nietzsches Philosophie der ewigen Wiederkehr des Gleichen*, Stuttgart, 1935.

Karl JASPERS, *Nietzsche*, Berlin, 1936 ; trad. fr. NIEL, N.R.F.

Eugen FINK, *Nietzsches Philosophie*, Stuttgart, 1960; trad. fr. HILDENBRAND et LINDENBERG, éd. de Minuit.

Martin HEIDEGGER, *Nietzsche*, Pfullingen, 1961; trad. fr. en cours, KLOSSOWSKI, N.R.F.

图书在版编目(CIP)数据

尼采/(法)吉尔·德勒兹(Gilles Deleuze)著；
王绍中译；黄雅嫻审订. —上海：上海人民出版社，
2020
(思想剧场)
书名原文：Nietzsche
ISBN 978-7-208-16764-3

Ⅰ.①尼… Ⅱ.①吉… ②王… ③黄… Ⅲ.①尼采
(Nietzsche，Friedrich Wilhelm 1844-1900)-哲学思想-
研究 Ⅳ.①B516.47

中国版本图书馆 CIP 数据核字(2020)第 203696 号

责任编辑 赵 伟
封扉设计 人马艺术设计·储平

思想剧场
尼采
\[法\]吉尔·德勒兹 著 王绍中 译 黄雅嫻 审订

出 版 上海人民出版社
(200001 上海福建中路 193 号)
发 行 上海人民出版社发行中心
印 刷 上海商务联西印刷有限公司
开 本 890×1240 1/32
印 张 5
插 页 3
字 数 85,000
版 次 2020 年 11 月第 1 版
印 次 2020 年 11 月第 1 次印刷
ISBN 978-7-208-16764-3/B·1504
定 价 38.00 元

Originally published in France as:
Nietzsche by Gilles Deleuze